일본 현지생활과 문화로 어학력을 기르는

中·上級への日本語

日本語教育・教師協会 編

學 士 院

はじめに

この教材のねらい

本教材は初級終了レベルから中級レベルへの橋渡しを目標とした読解力養成教材である。

一般に、①初級のテキストの構成は、初級文型積み重ねのための単文からなる対話から出発して、口頭による練習を主体としている。また、②中級教材となると、急変して読解中心に語句や漢字の拡充、複文・中級文型・慣用句の導入をしながら読解力の養成をはかるものが大部分である。

したがって初級300～500時間をやっと終了した学習者は読みものに慣れていないので、複文・長文に戸惑い、語彙・漢字の急増に悩んでいる。教師の側でも、そのギャップの大きさを少しでも埋めようと、いろいろな補助読みものを苦労して準備しているのが実情である。

そこで、この初級から中級への展開を無理なく進めるためには、初級の段階から実力の範囲内で読める、内容のある、面白い読解教材を併用して、自然に中級へ連続していける実力を養成し、さらに読む楽しみと、読んだものから話し合い・討論・作文などへの意欲をもたせるきっかけを与えることが必要である。

本書はこの要望に合わせて、経験豊富な現場教師が書きおろしたもので、日本の社会、生活、実情をも反映させた内容で出来ている。

本書の特徴

1．初級文型のみで読めるものから段階を追って31編で構成されている。

2．本文は700～1200字の長さで、短いものは２～３時間で練習問題まで終わるように作られている。

3．読みものは易から難への順に配列されており、初級後半の復習を兼ねながら、長文に慣れていくように配慮してある。

4．内容は読んで面白く、しかも日常生活から日本文化・社会・時事・異文化交流などにわたって幅広く取り上げ､知識面でも満足のいくようにしてある。

5．現場の教師が、学生のレベルを頭において書いているので、語句の使用・選択等が適切である。

6．読解教材のねらいである内容把握と使える語学力養成の二面を考えた豊富な練習問題がつけてあるので、学習者のレベルに合わせて2～3時間のクラスから5～6時間のクラスにも使える。

7．特に内容把握の練習のために、要約文、話の再構成、対話形式への書き換え、即答チェックなど、ユニークな工夫がなされている。語学力養成問題も各課で組み合わせをかえて変化をもたせ、あきないように最後まで楽しめるように考慮してある。

8．内容の身近さと知的情報の刺激によって読解後に自然に活発な意見交換や話題展開が容易に出来る。さらに学生間で文化比較、論点などを話し合ったり、要約や関連テーマの作文などへ指導すれば、中・上級読解教材の目指している読みを軸として、他の三技能への展開を容易に達成できる。

9．既刊の中級教材には、日本人向けに書かれたものや、中学・高校の国語教科書中の読みものからの転載も多く、外国人に理解されにくい語句・語法が連続して出てくることがあり、また古文的表現も多いので、単なる理解に留まって、言語活動に応用しにくいものが多い。初中級レベル、中級前期レベルで使える教材はきわめて少ないのが現状である。本書は初級からいきなり生教材は無理なので、教師の手になる読みものから半生教材を経て、生教材へと導く数少ない教材の一つであり、初中級・中級前期の主教材として使用できるものである。

10．この日本語中級読解入門の次に、中級読解前期用Ⅰ．Ⅱの作成が考えられている。この3冊がそろえば既刊の中・上級への橋渡しが、さらに容易になると思われる。

1981年　4月　　　　　　　　　　　　編著者代表　富岡　純子

本書の使い方

1．語句と漢字

まずはじめに漢字の読み方と語句の意味を予習する。

本文の漢字にふりがなをつけておくと、一見使いやすいようであるが、学習者はそれに依存しすぎて、最後まで、漢字の読み方を覚えようとしないので、本書では原則として、ふりがなをつけていない。ただし、固有名詞など、普遍性のない漢字の読みは本文中にふりがなをつけてある。

外来語は下にまとめて原語のスペルを入れてある。英語を中心にそれ以外のものは、何語かを明示してある（英語以外のものには、ドイツ語＝Ⓓ、フランス語＝㋫、ポルトガル語＝㋭、イタリア語＝㋑で表示)。なおカタカナ書きの語句でも、擬音語や動植物名のように日本のものは、外来語の中に入れずに、上の部分に入れてある。

語句の理解の手助けになるように、原則として、語句の右スペースにイラストを入れてある。

語句と漢字

日曜日	大好き(な)	だれ	人
休日	平日	忙しい	大変(な)
代わり	週日	休み	友達
かわいそう(な)	1日中	自由(な)	朝ねぼう
散歩	買物	友人	①おしゃべり
映画	次	くらす	②食料品
ゆっくり	楽しむ	1週間分	ね不足
とりもどす	のんびり	昼近い	朝食
昼食	一緒	午前中	日用品
押す	楽しい	午後	予定
品物	後	食事	せっかく
雨	降る	残念	出かける
ごちそう	あっという間に	時間	たつ
終わる	③夕食	家族	手紙
電話	国際	～回	お風呂
歌	全部	～度	一番
大事(な)	有効	過ごす	

①

②

③

アルバイト(ⒹArbeit)　ブランチ (brunch)

スーパー (supermarket)　カート (cart)

ウインドー・ショッピング (window shopping)

2．本文読み

初級終了直後から中級への橋渡しとなる読解教材なので、長さも700字から1200字にしてある。

レベルとしては全体を3ブロックに分け、まず初級終了前後から読めるやさしい読みものが全体の$\frac{1}{4}$の8編で、次に本書の中心となる中級への入門程度のもの（＊印付き）が18編、最後に中級前期程度のもの（＊＊印付き）が5編で、合計31の読みものがある。

もちろん易から難へ並んでいるが、トピックによって、カリキュラム内で読解に当てられた時間数に合わせて、取捨選択出来るように構成してある。そのために前課で既出の語句・漢字も再度リストに入れてある。１課は大体３時間～６時間で終わるものと想定しているが、学生のレベルや展開の仕方によっては、時間の増減が必要である。

教師のモデルリーディング→学生の個々に一区切りごとに読み練習をさせる→意味の把握を確認するための質問や話し合いをさせる→要旨を口頭でまとめるなど。

文字は初めての読解ということで、大き目の字で読みやすくしてある。本文の内容を象徴したイラストを豊富に入れてあるので、内容理解の手助けにもなるし、親しみやすく、語を展開させるのに役立つであろう。

３．練習問題

Ⅰ．文型練習　文中の文型を理解し、その上で使えるようにする。

Ⅱ．ことばの使い方　①文中の語句の意味を確認しながら、文脈での使い方を練習する問題　②助詞の問題　③意味の理解を確かめるための言いかえ　④習った語句を使って短文を作らせる　⑤与えられた語句を使って、文を構成する練習

Ⅲ．質問　本文の内容に関連した質問、そこから一般化させて学習者自身に関する質問も設けることによって、本文に添った内容だけでなく、自分のことも表現できるようにする。

Ⅳ．昔話その他の長い読みもの　いろいろな出来事の流れをつかんで、順序をつけて、話の筋を再構成させる演習がつけてある。絵を10～12コマぐらい並べることにより、わかりやすく楽しめる練習になっている。

以上の流れで、読み教材で語句を増し、内容を把握し、それを自分のことばで表現したり、話し合ったり、要約したりしながら、聴解、話し方、作文などの他の技能の養成へと展開させることが望ましい。

目　次

1課（か）　わたしのクラスメート

わたしは去年の４月から日本語学校で勉強しています。わたしのクラスにはアメリカ人、中国人、タイ人、韓国人、シンガポール人、フィリピン人など、いろいろな国の人が15人います。みんな明るくて、しんせつないいクラスメートです。毎日仲良く勉強しています。クラスの中で、一番仲が良いのは、エリザベス・アギナルドさんです。

エリザベスさんは、フィリピンのマニラで生まれました。小学校から大学までマニラで勉強しました。大学を卒業してから、銀行に１年ぐらいつとめて、それから小学校の先生をしました。お父さんのすすめで日本語の勉強を始めました。１年間の勉強が終わった時、もっと日本語や日本のことを勉強したくなりました。それで日本に留学することにしました。そして、わたしたちはクラスメートになりました。

エリザベスさんのしゅみは、エアロビクスです。週に３回ぐらい、学校が終わってからクラブに行って、汗をかきます。ですからエリザベスさんはすばらしいスタイルです。ぜんぜんふとっていないので、うらやましいです。その上エリザベスさんはベストドレッサーです。休みの日の楽しみは、銀座のデパートやブティックを見てまわることです。わたしもよくいっしょに行きます。

エリザベスさんは、漢字は苦手ですが、話すことはとくいです。去年の10月に学校でスピーチコンテストがありました。クラス代表のスピーチはみんな上手でしたが、エリザベスさんが優勝して、一番大きなトロフィーをいただきました。とてもすばらしいスピーチでした。

語句(ごく)と漢字(かんじ)

去年(きょねん)　勉強(べんきょう)する　中国人(ちゅうごくじん)　韓国人(かんこくじん)

明(あか)るい　①仲良(なかよ)く　一番(いちばん)　生(う)まれる

卒業(そつぎょう)　銀行(ぎんこう)　つとめる　すすめる

始(はじ)める　1年間(ねんかん)　終(お)わる　留学(りゅうがく)する

しゅみ　②汗(あせ)をかく　ふとる　その上(うえ)

楽(たの)しみ　銀座(ぎんざ)　見(み)てまわる　いっしょに

漢字(かんじ)　苦手(にがて)　とくい(な)　代表(だいひょう)

上手(じょうず)(な)　優勝(ゆうしょう)する

クラスメート(classmate)　シンガポール(Singapore)

フィリピン (Philippines)　エリザベス (Elizabeth)

マニラ (Manila)　エアロビクス (aerobics)

クラブ (club)　③ベストドレッサー (best-dresser)

デパート (department store)　ブティック(㋫boutique)

スピーチコンテスト(speech contest) トロフィー(trophy)

れんしゅう

Ⅰ．文型

例文①②③のように④の文を完成させなさい。⑤は自分で考えて作りなさい。

1．（形容詞）～くて／で～

①わたしのクラスメートは、みんな明るくて、しんせつです。

②エリザベスさんは、せいが高くて、スタイルがいいです。

③エリザベスさんのスピーチは、わかりやすくて、おもしろかったです。

④東京は人口が多くて、にぎやか＿＿＿＿＿＿＿＿＿＿＿＿＿＿＿＿＿＿

⑤＿＿＿＿＿＿＿＿＿＿＿＿＿＿＿＿＿＿＿＿＿＿＿＿＿＿＿＿＿＿＿＿

2．（動詞）～てから、～

①大学を卒業してから、小学校の先生になりました。

②クラスが終わってから、クラブに行って、エアロビクスをします。

③しゅくだいをしてから、スーパーに買物に行きましょう。

④へやのそうじをしてから＿＿＿＿＿＿＿＿＿＿＿＿＿＿＿＿＿＿＿＿＿

⑤＿＿＿＿＿＿＿＿＿＿＿＿＿＿＿＿＿＿＿＿＿＿＿＿＿＿＿＿＿＿＿＿

3．ぜんぜん～

①あなたは、ぜんぜんふとっていないので、うらやましいです。

②エリザベスさんはぜんぜんまちがえないで、５分のスピーチをしました。

③銀座のブティックには、安いようふくが、ぜんぜんありません。

④わたしはまだ日本語が＿＿＿＿＿＿＿＿＿＿＿＿＿＿＿＿＿＿＿＿＿＿

⑤＿＿＿＿＿＿＿＿＿＿＿＿＿＿＿＿＿＿＿＿＿＿＿＿＿＿＿＿＿＿＿＿

4．～は～ですが～は～

①わたしは漢字は苦手ですが、スピーチはとくいです。

②そうじやせんたくはきらいですが、りょうりは大好きです。

③あの人は、テニスはへたですが、ゴルフはじょうずです。

④買物などの会話はかんたんですが＿＿＿＿＿＿＿＿＿＿＿＿＿＿＿＿＿

⑤＿＿＿＿＿＿＿＿＿＿＿＿＿＿＿＿＿＿＿＿＿＿＿＿＿＿＿＿＿＿＿＿

II．ことばの使い方

1．□の中のことばを一つえらんで、______に書きなさい。

①エリザベスさんは______して、トロフィーをもらいました。
②スポーツをして______のは、いいことです。
③兄は、４月から銀行に______ことになりました。
④クラスの______のスピーチは、やはりすばらしかったです。
⑤「あのレストランは、とてもいいよ」と______人がいます。

つとめる
優勝
すすめる
代表
汗をかく

2．次の文を読んで、（　）にひらがなを１字ずつ入れなさい。

①わたしのクラス（　）は、15人ぐらい（　）学生がいます。
②その人は、フィリピン（　）マニラ（　）生まれました。
③学校（　）卒業してから、どんな会社（　）つとめたいですか。
④休み（　）日（　）楽しみは、銀座のデパートへ行く（　）（　）です。
⑤日本語ばかり（　）（　）なく、日本文化（　）、もっと勉強してください。

3．次のことばを使って短い文を作りなさい。

①ふとる　______________________________
②見てまわる　______________________________
③とくい　______________________________

III．下の質問に答えなさい。

①あなたの一番仲の良いクラスメートはどんな人ですか。
②その人と、どのぐらい会いますか。
③あなたはどんなスポーツをしていますか。
④スピーチをしたことがありますか。
⑤今までに聞いたスピーチのだいを三つ言ってください。

1課　テスト（　）月（　）日　クラス＿＿＿名前＿＿＿＿＿＿＿＿

／100

Ⅰ.次の漢字をひらがなで、英語をカタカナで書きなさい。　②×10＝⑳

（例）名前（なまえ）　department store（デパート）

1．去年（　　　　　）2．一番（　　　　　）3．銀座（　　　　　）

4．苦手（　　　　　）5．卒業（　　　　　）6．優勝（　　　　　）

7．classmate（　　　　　　　）8．club（　　　　　）

9．speech contest（　　　　　　　）10．trophy（　　　　　）

Ⅱ.（　）の中にひらがなを１字ずつ入れなさい。　②×10＝⑳

（例）わたしは去年の４月(か)(ら)日本語(を)勉強しています。

1．クラスの人はみんな明るく(　)しんせつ(　)、いい人ばかりです。

2．小学校(　)(　)大学(　)(　)東京(　)勉強しました。

3．クラスの中(　)一番仲がいい(　)は、だれですか。

4．Eさんは、漢字(　)苦手です(　)、話すこと(　)とくいです。

Ⅲ.下からことばを一つ選んで＿＿＿＿に書きなさい。　⑤×５＝㉕

（例）わたしたちは毎日仲良く勉強しています。

1．わたしは先生の＿＿＿＿で国立大学を受けるつもりです。

2．すずきさんはりょうりが＿＿＿＿なので、よくごちそうしてくれます。

3．山田さんは毎日いそがしいので、テレビを＿＿＿＿見ません。

4．へやのそうじをした。＿＿＿＿せんたくもした。＿＿＿＿大汗をかいた。

〔仲良く　その上　苦手　しゅみ　すすめ　とくい　ぜんぜん　それで〕

Ⅳ.次の文を完成しなさい。　⑤×３＝⑮

1．毎日ごはんをたくさん食べると＿＿＿＿＿＿＿＿＿＿＿＿

2．スピーチコンテストに優勝して＿＿＿＿＿＿＿＿＿＿＿＿

3．わたしは国で＿＿＿＿を卒業してから＿＿＿＿＿＿＿＿＿＿＿＿

Ⅴ.（　）のことは、とくいですか、苦手ですか。答えてください。　⑩×２＝⑳

1．（作文・会話）＿＿＿＿＿＿＿＿＿＿＿＿＿＿＿＿

2．（うた・ダンス）＿＿＿＿＿＿＿＿＿＿＿＿＿＿＿＿

2課(か) 手　紙

レイナさん

おげんきですか。わたしはげんきです。シンガポールはあついですか。日本はいま、とてもさむいです。それで、わたしはせんしゅうのにちようびに、ともだちといっしょにしんじゅくへオーバーを買いに行きました。はじめはデパートへ行きました。きれいなオーバーがたくさんありました。しかし、高かったです。ともだちが「ほかのみせへ行きましょう」といいました。わたしたちはデパートを出ました。

デパートのちかくに小さいみせがありました。そのみせでは、オーバーもセーターもとても安かったです。わたしは、あかくてながいオーバーがいい、とおもいました。みせの人が「せんしゅう、このオーバーは２万円でしたが、きょうは１万円です。安いですよ」といいました。わたしはそのオーバーと、しろいセーターと、マフラーを買いました。ぜんぶで１万5000円でした。まいにち、そのオーバーをきて学校に行きます。とてもあたたかいです。

らいしゅう、テストがあります。日本語はむずかしいです。わからないもんだいは日本人のともだちにききます。ともだちはしんせつです。わたしはときどき、そのともだちに、英語をおしえます。テストが終わってから、やすみがあります。それで、よこはまへあそびに行きます。

てがみといっしょに、しゃしんをおくります。また、てがみを書きます。では、おげんきで。

チンより

語句(ごく)と漢字(かんじ)

手紙(てがみ)	げんき(な)	①あつい	とても
②さむい	せんしゅう	しんじゅく	買(か)う
いっしょ(に)	行く	はじめ	きれい(な)
たくさん	高(たか)い	ほか(の)	みせ
いう	出(で)る	ちかい	小(ちい)さい
安(やす)い	あかい	ながい	おもう
～万円(まんえん)	～000円(せんえん)	しろい	まいにち
④きる	学校(がっこう)	③あたたかい	らいしゅう
むずかしい	わかる	もんだい	日本人(にほんじん)
しんせつ(な)	ときどき	英語(えいご)	
おしえる	終(お)わる	やすみ	よこはま
あそぶ	しゃしん	書(か)く	では
～より			

シンガポール(Singapore)

デパート(department store)

⑤オーバー (over coat)

⑥セーター (sweater)

⑦マフラー (muffler)　テスト (test)

①

②

③

④

⑤

⑥
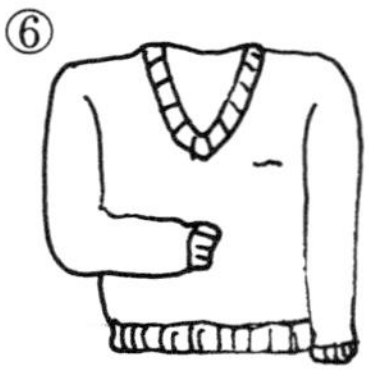

⑦
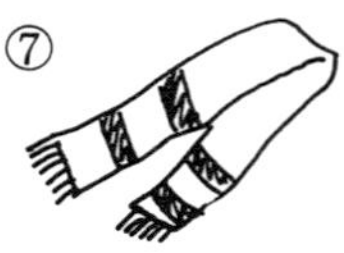

れんしゅう

Ⅰ．文型(ぶんけい)

例文(れいぶん)①②のように③の文を完成(かんせい)させなさい。④は自分(じぶん)で考(かんが)えて作(つく)りなさい。

1．～へ～に行く

①しんじゅくへオーバーを買いに行きました。

②よこはまへ　あそびに行きます。

③はるやすみに＿＿＿＿＿＿＿＿＿＿＿＿＿＿＿＿＿＿＿＿

④＿＿＿＿＿＿＿＿＿＿＿＿＿＿＿＿＿＿＿＿＿＿＿＿＿

2．～ましょう

①ともだちが「ほかのみせへ行きましょう」といいました。

②ひるごはんをいっしょに食べに行きましょう。

③にちようびに、みんなで＿＿＿＿＿＿＿＿＿＿＿＿＿＿＿＿

④＿＿＿＿＿＿＿＿＿＿＿＿＿＿＿＿＿＿＿＿＿＿＿＿＿

3．～を出る

①わたしたちはデパートを出ました。

②３じに学校をでて、うちへかえりました。

③あさは８じに＿＿＿＿＿＿＿＿＿＿＿＿＿＿＿＿＿＿＿＿

④＿＿＿＿＿＿＿＿＿＿＿＿＿＿＿＿＿＿＿＿＿＿＿＿＿

4．（ぜんぶ）で～

①オーバーとセーターとマフラーで、１万5000円でした。

②わたしのかぞくは、ぜんぶで７人です。

③花をぜんぶで ＿＿＿＿＿＿＿＿＿＿＿＿＿＿＿＿＿＿＿

④＿＿＿＿＿＿＿＿＿＿＿＿＿＿＿＿＿＿＿＿＿＿＿＿＿

5．～といっしょに～

①わたしはともだちといっしょに、デパートへ行きました。

②てがみといっしょに、しゃしんをおくります。

③きのう、学校の人と＿＿＿＿＿＿＿＿＿＿＿＿＿＿＿＿＿

④＿＿＿＿＿＿＿＿＿＿＿＿＿＿＿＿＿＿＿＿＿＿＿＿＿

II．ことばの使(つか)い方(かた)

1．□の中のことばを一つえらんで「ます形(けい)」にして＿＿に書(か)きなさい。（　）にはひらがなを入(い)れなさい。

①デパートのちかくに、みせ（　）＿＿＿＿ます。

②あした、ディズニーランド（　）＿＿＿＿行きます。

③わたしは、まいにち、てがみ（　）＿＿＿＿ます。

④わたしは、ともだち（　）英語を＿＿＿＿ます。

⑤てがみといっしょ（　）しゃしん（　）＿＿＿＿ます。

おくる
あそぶ
おしえる
ある
かく

2．次(つぎ)のことばを使(つか)って、短(みじか)い文(ぶん)を作(つく)りなさい。

①高い　＿＿＿＿＿＿＿＿＿＿＿＿＿＿＿＿

②あかい　＿＿＿＿＿＿＿＿＿＿＿＿＿＿＿＿

③むずかしい　＿＿＿＿＿＿＿＿＿＿＿＿＿＿＿＿

④ときどき　＿＿＿＿＿＿＿＿＿＿＿＿＿＿＿＿

⑤おしえる　＿＿＿＿＿＿＿＿＿＿＿＿＿＿＿＿

III．下(した)の質問(しつもん)に答(こた)えなさい。

①レイナさんは、どこにすんでいますか。

②チンさんはせんしゅうのにちようびに、どこへ、何をしに行きましたか。

③チンさんはどんなオーバーを買いましたか。

④チンさんのオーバーはいくらでしたか。

⑤チンさんはどんなセーターを買いましたか

⑥チンさんは、ぜんぶでいくらおかねを、はらいましたか。

⑦チンさんは、日本語がわからないとき、どうしますか。

⑧チンさんは、テストが終わってから、どこへ行きますか。

⑨あなたは日本語がわからないとき、どうしますか。

⑩あなたはだれにてがみを書きますか。

IV．あなたもともだちに手紙を書いてください。

2課　テスト（　）月（　）日　クラス______名前________________

／100

Ⅰ.次の漢字をひらがなで、英語をカタカナで書きなさい。　②×10＝⑳

1．五万円（　　　　　）2．学校（　　　　　）3．安（　　　　　）い

4．英語（　　　　　）5．手紙（　　　　　）6．終（　　　　　）わる

7．買（　　　　　）う　8．sweater（　　　　　　　）

9．muffler（　　　　　）10. overcoat（　　　　　　　）

Ⅱ.（　）の中にひらがなを１字ずつ入れなさい。　②×10＝⑳

1．日本は今とてもさむい。それ（　）きのうオーバーを買い（　）行った。

2．友だちが、ほか（　）みせへ行きま（　）（　）（　）と言いました。

3．そのみせ（　）は、セーター（　）オーバーが安かった。

4．デパート（　）いろいろ（　）ものを買った。ぜんぶ（　）２万円だった。

5．わからないもんだいは、日本人の友だち（　）ききます。

Ⅲ.下からことばを一つ選んで__________に書きなさい。　④×５＝⑳

1．わたしは、__________友だちと__________買物に行きます。

2．クラスメートはみんな__________しんせつです。

3．クラスには学生が__________15人います。

4．これはすこし高いですから__________オーバーを見せてください。

〔ぜんぶで　ときどき　いっしょに　とても　しゃしん　ほかの　たくさん〕

Ⅳ.次の文を完成しなさい。　④×５＝⑳

1．日本はいまとてもあついです。それできのう______________________________

2．らいしゅうテストがあります。それで______________________________

3．テストが終わってから______________________________

4．わたしはきのうデパートへ__________に行きました。

5．わたしはときどき__________に__________をおしえます。

Ⅴ.次のことばを使って短い文を作りなさい。　⑩×２＝⑳

1．ときどき______________________________

2．とても______________________________

3課　80さいの誕生日

日本女性の平均じゅみょうは80さいくらいだそうです。80さいになっても元気に、明るく生活している人がおおぜいいます。今、アメリカに住んでいるわたしの祖母も、今年の5月に80さいの誕生日を祝いました。

彼女は14さいで結婚し、12人の子どもを育て、今は35人の孫がいます。わたしの国フィリピンでは、大家族が多いですが、わが家も大家族です。フィリピンでは、家族はとても大切で、仲良くします。結婚の相手を決める時も、ボーイフレンドを自分の家に招いて、家族の全員に紹介します。毎週1回は祖母の家に子どもたちが孫たちをつれて集まります。とてもにぎやかです。

祖母の80さいの誕生日には、マニラで一番大きなホテルを借りて、大家族の全員と親しい友人が、全部で500人以上集まりました。ごちそうを食べたり、ダンスをしたり、歌をうたったりして、とてもにぎやかでした。祖母もワルツやチャチャチャをおどりました。それから子どもと孫の全員が花をプレゼントしました。祖母は花がいっぱいの中で、うれし涙を見せました。お祝いのことばにはタガログ語や英語や日本語がまじってきこえました。

祖母はこんなにたくさんの子どもや孫や友達の名前と顔を決してまちがえません。35人もの孫の中で、わたしは祖母と一番仲がいいです。東京で留学生活をおくっているわたしのところへ、来週祖母が来る予定です。フィリピンからアメリカに帰る途中で寄ってくれるそうですので、今から楽しみにしています。

(エリザベス-アギナルド〈フィリピン〉)

語句(ごく)と漢字(かんじ)

80さい	誕生日(たんじょうび)	女性(じょせい)	平均(へいきん)
じゅみょう	元気(げんき)	明(あか)るい	生活(せいかつ)する
住(す)む	祖母(そぼ)	今年(ことし)	祝(いわ)う
集(あつ)まる	彼女(かのじょ)	結婚(けっこん)	子(こ)ども
育(そだ)てる	孫(まご)	大家族(だいかぞく)	多(おお)い
わが家(や)	大切(たいせつ)(な)	仲良(なかよ)く	相手(あいて)
決(き)める時(とき)	自分(じぶん)	招(まね)く	全員(ぜんいん)
① 紹介(しょうかい)する	毎週(まいしゅう)	つれる	にぎやか
一番(いちばん)	借(か)りる	親(した)しい	友人(ゆうじん)
全部(ぜんぶ)	以上(いじょう)	② ごちそう	歌(うた)
③ おどる	花(はな)	いっぱい	うれし涙(なみだ)
まじる	友達(ともだち)	名前(なまえ)	顔(かお)
決(けっ)して(～ません)	まちがえる	一番(いちばん)	仲(なか)がいい
来週(らいしゅう)	予定(よてい)	帰(かえ)る	途中(とちゅう)
④ 寄(よ)る	楽(たの)しみ		

アメリカ (America)　フィリピン (Philippines)

ボーイフレンド (boy friend)　マニラ (Manila)

ホテル (hotel)　ダンス (dance)

ワルツ (waltz)　チャチャチャ (cha-cha-cha)

プレゼント (present)　タガログ語 (Tagalog)

①

②

③

④

れんしゅう

Ⅰ．文型

例文①②のように③の文を完成させなさい。④は自分で考えて作りなさい。

1．動詞の辞書形＋名詞（連体修飾）

①今、アメリカに住んでいる祖母は、今年の５月に80さいになりました。

②祖母は、日本に住んでいるわたしのために、コートを送ってくれました。

③いつもしゅくだいを忘れる学生は ______________________________

④______________________________

2．〜(ます)、〜(ます)、〜

①祖母は14さいで結婚し、12人の子どもを育て、35人の孫があります。

②１年前に来日し、日本語学校で勉強し、４月から大学院へ入ります。

③としょかんから本を借り、______________________________

④______________________________

3．一番＋イ形容詞／ナ形容詞

①Wホテルは、わたしの国で一番大きいです。

②たくさんの孫の中で、わたしが一番祖母と仲がいいです。

③わたしの一番とくいなりょうりは______________________________

④______________________________

4．決して〜ない／ません

①わたしはやくそくの時間に決しておくれないことにしています。

②その先生は学生の名前と顔を決して忘れません。

③夜ねる前は決して______________________________

④______________________________

Ⅱ．ことばの使い方

1．［　　］の中のことばを一つえらんで、______に書きなさい。

①毎週１回、祖母の家に、子どもと孫が__________て、とてもにぎやかです。

②きのうは、わたしの誕生日だったので、友達を＿＿＿＿＿＿て、パーティーをしました。

③姉はボーイフレンドを家に＿＿＿＿＿＿両親に＿＿＿＿＿＿しました。

④来週は祖母がフィリピンからアメリカへ帰る＿＿＿＿＿＿で、わたしの家に寄る＿＿＿＿＿＿になっています。

途中	招いて	集まって	紹介	予定	つれてきて

2．次の文を読んで、（　）にひらがなを1字ずつ入れなさい。

①日本女性の平均じゅみょうは80さいくらい（　）そうです。

②祖母は、14さい（　）結婚して、12人の子ども（　）育てました。

③大家族の全員（　）親しい友人が、全部（　）500人以上集まりました。

④50人ものクラスの中（　）、私はリンさん（　）一番仲がいいです。

⑤来週、友達が国から来ます。今からとても楽しみ（　）しています。

3．次のことばを使って、短い文を作りなさい。

①育てる　＿＿＿＿＿＿＿＿＿＿＿＿＿＿＿＿＿＿＿＿

②借りる　＿＿＿＿＿＿＿＿＿＿＿＿＿＿＿＿＿＿＿＿

③まちがえる　＿＿＿＿＿＿＿＿＿＿＿＿＿＿＿＿＿＿＿＿

④寄る　＿＿＿＿＿＿＿＿＿＿＿＿＿＿＿＿＿＿＿＿

III．下の質問に答えなさい。

①あなたの国の平均じゅみょうは？

②あなたの知っているおとしよりで一番年上の人は何さい？

③その人はどんな人ですか。

④あなたは長生きして、80さいになったら、どんなことをしたいですか。

⑤大家族のいい点、悪い点は？

3課　テスト（　）月（　）日　クラス＿＿＿＿名前＿＿＿＿＿＿＿＿

／100

Ⅰ．次の漢字をひらがなで、英語をカタカナで書きなさい。　②×10＝⑳

1．誕生日（　　　　　）　2．紹介（　　　　　）　3．孫（　　　　　）

4．仲良（　　　　　）く　5．平均（　　　　　）　6．集（　　　　　）まる

7．boy friend（　　　　　　　）　8．hotel（　　　　　）

9．Philippines（　　　　　　　）　10．present（　　　　　）

Ⅱ．（　）の中にひらがなを１字ずつ入れなさい。　②×10＝⑳

1．私は家族の中（　）いもうと（　）一番、仲（　）いいです。

2．来週、みんなで父の誕生日（　）祝います。

3．パーティーでは歌をうたっ（　）（　）、おさけをのん（　）（　）して、楽しかったです。

4．母は18さい（　）結婚して、今はアメリカ（　）住んでいます。

5．空港のロビーではいろいろ（　）国のことば（　）まじってきこえます。

Ⅲ．下からことばを一つ選んで＿＿＿＿に書きなさい。　④×５＝⑳

1．きのうは友だちが６人、わたしのへやに来て、とても＿＿＿＿でした。

2．友だちと10時にやくそくをしましたが、時間を＿＿＿＿、おくれました。

3．学校の帰りに図書館に＿＿＿＿、本を２さつ＿＿＿＿ました。

4．日本人の平均＿＿＿＿は、世界で一番長いそうです。

〔借り　じゅみょう　にぎやか　寄って　まちがえて〕

Ⅳ．次の文を完成しなさい。　⑤×４＝⑳

1．わたしは友達とのやくそくは、決して＿＿＿＿＿＿＿＿＿＿＿＿

2．わたしの一番とくいなことは、＿＿＿＿＿＿＿＿＿＿＿＿

3．父は22さいで日本の大学をそつぎょうし、＿＿＿＿＿＿＿＿＿＿

4．冬休みには＿＿＿＿＿＿＿＿＿＿＿＿＿＿予定です。

Ⅴ．次のことばを使って短い文を作りなさい。　⑩×２＝⑳

1．招く　＿＿＿＿＿＿＿＿＿＿＿＿＿＿＿＿

2．楽しみ　＿＿＿＿＿＿＿＿＿＿＿＿＿＿＿＿

4課　わたしの日曜日

わたしは日曜日が大好きです。だれでも日曜日が大好きだと思いますが、そうでない人もいるのでしょうか。デパートやホテルにつとめている人たちは、日曜や休日は平日より忙しそうで大変だと思います。

日曜の代わりに週日が休みでも友達と休みがちがうので、会えなくて、かわいそうだと思います。でもわたしは日曜日には、学校もアルバイトも休みなので、１日中、自由です。何でも好きなことができます。朝ねぼう、散歩、ブランチ、買物、友人とのおしゃべり、映画、テレビ、スポーツなど、したいことが次から次に出てきます。でも一人でくらしているので、そうじ、せんたく、食料品の買物など、いろいろと家の中のこともしなければなりません。

まず朝は９時か10時ごろまで、ゆっくりと朝ねぼうを楽しんで１週間分のね不足をとりもどします。それから朝ごはんをのんびり食べます。時には昼近くに、朝食と昼食を一緒にしたブランチを食べることもあります。午前中にそうじやせんたくをしてから、食料品や日用品の買物に近くのスーパーに行きます。カートを押しながら、スーパーの中を歩くのも楽しいです。

午後は友達と会って一緒にデパートで買物をします。特に買物の予

定がない時でもデパートの中は明るくきれいで、品物もとてもたくさんあるので、見るだけでも楽しいです。このようなウインドー・ショッピングは、日本語で何と言うのでしょうか。その後で、映画を見たり、レストランで食事したりします。

せっかくの日曜日に雨が降ったりすると、とても残念です。けれども、どこへも出かけないで、友達とごちそうを作って、それを食べながら、テレビを見たり、いろいろな話をすることも好きです。何をしても楽しい日曜日は、あっという間に時間がたって１日が終わってしまいます。

夕食のあとは、国の家族や友達に手紙を書いたり、電話をかけたりします。国際電話は高いので、１か月に１回か２回ぐらいかけます。ゆっくりとお風呂に入って歌をうたったりすることもあります。また１週間分の勉強のふくしゅうをしたり、しゅくだいをしたりもします。ですから、日曜日は楽しい日ですが、また忙しい日です。日曜日にしかできないことが山のようにありますが、全部はできません。日曜日が１週間に２度あったらいいと思います。そうすれば、日曜日にしたいことやしなければならないことを全部できると思います。でも日曜日は週に１回しか来ませんから、よく考えて、一番大事なことと、一番したいことをして有効に過ごすことにしています。

語句(ごく)と漢字(かんじ)

日曜日(にちようび)　大好(だいす)き(な)　だれ　人(ひと)

休日(きゅうじつ)　平日(へいじつ)　忙(いそが)しい　大変(たいへん)(な)

代(か)わり　週日(しゅうじつ)　休(やす)み　友達(ともだち)

かわいそう(な)　1日中(いちにちじゅう)　自由(じゆう)(な)　朝(あさ)ねぼう

散歩(さんぽ)　買物(かいもの)　友人(ゆうじん)　①おしゃべり

映画(えいが)　次(つぎ)　くらす　②食料品(しょくりょうひん)

ゆっくり　楽(たの)しむ　1週間分(いっしゅうかんぶん)　ね不足(ぶそく)

とりもどす　のんびり　昼近(ひるちか)い　朝食(ちょうしょく)

昼食(ちゅうしょく)　一緒(いっしょ)　午前中(ごぜんちゅう)　日用品(にちようひん)

押(お)す　楽(たの)しい　午後(ごご)　予定(よてい)

品物(しなもの)　後(あと)　食事(しょくじ)　せっかく

雨(あめ)　降(ふ)る　残念(ざんねん)　出(で)かける

ごちそう　あっという間(ま)に　時間(じかん)　たつ

終(お)わる　③夕食(ゆうしょく)　家族(かぞく)　手紙(てがみ)

電話(でんわ)　国際(こくさい)　～回(かい)　お風呂(ふろ)

歌(うた)　全部(ぜんぶ)　～度(ど)　一番(ばん)

大事(だいじ)(な)　有効(ゆうこう)　過(す)ごす

①

②

③

アルバイト(ⒻArbeit)　ブランチ (brunch)

スーパー (supermarket)　カート (cart)

ウインドー・ショッピング (window shopping)

れんしゅう

Ⅰ．文型(ぶんけい)

例文(れいぶん)①②のように③の文を完成(かんせい)させなさい。④は自分(じぶん)で考(かんが)えて作(つく)りなさい。

1．～そう

①日曜や休日は、平日より忙しそうです。

②友達はいつもひまそうです。

③あの先生は、________________________________

④________________________________

2．～なければなりません

①そうじ、せんたくなど、いろいろと家の中のこともしなければなりません。

②学校が終わったら、アルバイトへ行かなければなりません。

③テストの前は________________________________

④________________________________

3．～だけでも～

①デパートの中は、明るくてきれいなので、見るだけでも楽しいです。

②テレビの日本語はむずかしいですが、見ているだけでも、勉強(べんきょう)になります。

③テストの前には、________________________________

④________________________________

4．～たり（～たり～）します

①ごちそうを作って食べながら、テレビを見たり、話をしたりします。

②友達の家へ行ったり、買い物をしたりします。

③夏休みには、________________________________

④________________________________

5．～しか～ない

①日曜日にしかできないことが山のようにあります。

②このクラスには男の学生しかいません。

③わたしは、日本語は、ひらがなしか________________________________

④________________________________

II．ことばの使い方

1．[　　]の中のことばを一つえらんで＿＿＿に書きなさい。

①日曜日に海へ行こうと思いましたが、朝起きると、雨が＿＿＿＿＿＿いて、＿＿＿＿＿＿られませんでした。とても＿＿＿＿＿＿でした。

②先週の土曜日は＿＿＿＿＿＿で、会社は休みでしたが、わたしは仕事があったので会社へ行きました。土曜日の＿＿＿＿＿＿に、月曜日に休みました。

③毎朝、7時に起きますが、今日は日曜日なので＿＿＿＿＿＿をして、10時に起きました。

④いつもとても＿＿＿＿＿＿ので、週末には友達とおんせんへ行って＿＿＿＿＿＿したいです。

⑤きのう、デパートで買物をしたあと、きっさ店に入りました。デパートで買った＿＿＿＿＿＿を、そこに＿＿＿＿＿＿、家に帰ってきてしまいました。

⑥わたしの兄はスーパーの店員です。毎晩10時ごろ家に帰ります。ですから、＿＿＿＿＿＿といっしょに＿＿＿＿＿＿を食べません。食事の＿＿＿＿＿＿で、＿＿＿＿＿＿に入って、12時にねます。

⑦わたしはおしゃべりが大好きです。ですから、友達に＿＿＿＿＿＿を書くより、＿＿＿＿＿＿をかけて話すほうが多いです。

忘れて	のんびり	電話	降って	お風呂	家族	代わり	品物
休日	残念	夕食	手紙	忙しい	後	朝ねぼう	出かけ

2．次の文を読んで、(　)にひらがなを1字ずつ入れなさい。

①わたしはホテル(　)つとめています。日曜日もはたらきます。日曜日(　)代わり(　)、火曜日が休みです。

②かぜをひいて1週間、学校を休んでしまいました。おくれた勉強(　)、とりもどすために、毎日おそく(　)(　)勉強しなければなりません。

③わたしはアパート(　)一人(　)くらしています。

④休みの日には、公園(　)行って、公園の中(　)ゆっくり散歩します。

⑤ひさしぶりに友達(　)会って、一緒(　)レストラン(　)食事をしま

した。

⑥日本語の勉強の中で、特（　）、漢字がむずかしいです。

⑦ブランチは、日本語（　）何（　）言いますか。

⑧テストは、10時から12時まででした。あっという間（　）時間（　）たって、半分ぐらいしかできませんでした。

⑨冬休み（　）あとは、大学のしけんがあるので大変です。

⑩休日は何もしないで、ゆっくり（　）すごすこと（　）しています。

3．次のことばを使って、短い文を作りなさい。

①楽しむ ____________________

②予定 ____________________

③せっかく ____________________

④終わる ____________________

⑤ゆっくり ____________________

III．下の質問に答えなさい。

①～⑧〔この文を書いた人のこと〕

①日曜日にしなければならないことは何ですか。

②朝は何時ごろ起きますか。

③午前中は何をしますか。

④午後は何をしますか。

⑤日曜日に雨が降ったら、何をしますか。

⑥夕食のあとは何をしますか。

⑦日曜日はひまですか、忙しいですか。

⑧日曜日を有効にすごすために、どう考えてすごしていますか。

⑨あなたの休日は何曜日ですか。

⑩あなたは休日はどのようにしてすごしますか。

午前中は ____________________

午後は ____________________

4課　テスト（　）月（　）日　クラス＿＿＿＿名前＿＿＿＿＿＿＿＿

／100

Ⅰ.次の漢字をひらがなで、外国語をカタカナで書きなさい。　②×10＝⑳

1．散歩（　　　　　）2．品物（　　　　　）3．日用品（　　　　　）

4．朝食（　　　　　）5．ね不足（　　　　　）6．次（　　　　　）

7．大事（　　　　　）8．午前中（　　　　　）

9．Arbeit（　　　　　）10．supermarket（　　　　　）

Ⅱ.（　）の中にひらがなを１字ずつ入れなさい。　②×10＝⑳

1．１（　）月に１回（　）２回、国際電話をかけます。

2．せっかく（　）日曜日に、雨が降ったりする（　）、とても残念です。

3．きのうは、どこ（　）（　）出かけない（　）、家でゆっくりしました。

4．日曜の朝はゆっくり（　）、朝（　）（　）（　）を楽しみます。

5．カートを押しながら、スーパーの中（　）歩く（　）も楽しいです。

Ⅲ.下からことばを一つ選んで＿＿＿＿に書きなさい。　④×５＝⑳

1．＿＿＿＿は＿＿＿＿ができません。７時に起きなければなりません。

2．日曜日の11時半ごろ、＿＿＿＿を食べてから＿＿＿＿に出かけます。

3．＿＿＿＿作ったりょうりが、さめないうちにどうぞ。

〔全部　ね不足　カート　週日　ブランチ　朝ねぼう　せっかく　ショッピング〕

Ⅳ.次の文を完成しなさい。　⑤×４＝⑳

1．デパートの中は明るくてきれいなので＿＿＿＿＿＿＿＿

2．このクラスには＿＿＿＿＿＿＿＿しかいません。

3．友達は、勉強したり、アルバイトをしたり、＿＿＿＿＿＿＿＿

4．今日は、しなければならないことが、＿＿＿＿＿＿＿＿

Ⅴ.次の質問に答えなさい。　⑩×２＝⑳

1．お国の家族にどのくらい手紙を書きますか。（～に～回を使って）

＿＿＿＿＿＿＿＿＿＿＿＿＿＿＿＿

2．日曜日には、何をしますか。（午前は～、午後は～、～たり～たりを使って）

＿＿＿＿＿＿＿＿＿＿＿＿＿＿＿＿

5課　結婚式

フランスの結婚のしかたは、もちろん日本と違います。まず、フランスでは、「お見合い」が、ぜんぜんなくて、ほとんど全部が恋愛結婚です。７年前の姉の結婚を例として話しましょう。

姉の結婚は家族にとって、うれしい出来事でしたので、式場やパーティー場の予約をしたり、招待の手紙を出したり、ウェディング・ドレスを買ったりして、みんなで、いろいろな準備をしました。式の当日、９月の第３土曜日は、朝から、家族や親しい友達が集まりました。姉は、美容院に行って、かみをきれいにセットし、ウェディング・ドレスを着ました。そして午後１時ごろ、みんなで教会に行きました。教会で花むこの家族と会って、キリストの前で式を行い、記念写真をとって市役所に行きました。市長が「うれしい時も、苦しい時も助け合いますか」と質問して、「はい」と答えて、式は終わりました。

それから、パーティーをしました。みんなが集まって、シャンペンを飲んだり、プチ・フールを食べたりして、二人を祝いました。とても幸せなふんいきでした。そのあと、少し休んでから、家族でディナーを食べました。その前に二人にプレゼントをあげました。すばらしいプレゼントだったので、わたしも早く結婚したいと思いました。

次の日に二人は新婚旅行に行きました。行先はひみつでした。７年後の今は、二人の子どもが生まれ、家族四人で北フランスで、幸せに生活しています。子どもは、手紙や電話でわたしに会いたいと言っています。とてもかわいいので、今度会う時には、日本のおみやげをたくさんあげるつもりです。　（ジェローム・ヴァンソン〈フランス〉）

語句(ごく)と漢字(かんじ)

結婚(式)（けっこんしき）	違う（ちがう）	まず	お見合い（おみあい）
ぜんぜん(～ない)	ほとんど(全部)（ぜんぶ）	恋愛（れんあい）	姉（あね）
例（れい）	～にとって	出来事（できごと）	式場（しきじょう）
予約(する)（よやく）	招待（しょうたい）	準備（じゅんび）	当日（とうじつ）
朝（あさ）	親しい（したしい）	集まる（あつまる）	①美容院（びよういん）
午後（ごご）	②教会（きょうかい）	(花)むこ（はな）	～の前（まえ）
③記念写真（きねんしゃしん）	市役所（しやくしょ）	市長（しちょう）	苦しい（くるしい）
助け合う（たすけあう）	質問（しつもん）	答える（こたえる）	終わる（おわる）
飲む（のむ）	④祝う（いわう）	幸せ(な)（しあわせ）	ふんいき
休む（やすむ）	すばらしい	早い（はやい）	思う（おもう）
次の日（つぎのひ）	⑤新婚旅行（しんこんりょこう）	行先（いきさき）	ひみつ
かわいい	今度（こんど）	おみやげ	つもり

パーティー (party)

ウェディング・ドレス (wedding dress)

セット (set)　キリスト (Christ)

シャンペン (㋫champagne)　プチ・フール (㋫petit four)

ディナー (dinner)　プレゼント (present)

①

②

③

④

⑤

れんしゅう

Ⅰ．文型

例文①②のように③の文を完成させなさい。④は自分で考えて作りなさい。

1．～を例として～

①7年前の姉の結婚式を例として、話しましょう。

②先週の出来事を例として、説明します。

③わかりやすい例として ＿＿＿＿＿＿＿＿＿＿＿＿＿＿＿＿＿＿＿＿

④＿＿＿＿＿＿＿＿＿＿＿＿＿＿＿＿＿＿＿＿＿＿＿＿＿＿＿＿

2．～にとって

①姉の結婚は、家族にとって、とてもうれしい出来事でした。

②一人っ子のよし子は、りょうしんにとって、たからものでした。

③テストは、学生にとって ＿＿＿＿＿＿＿＿＿＿＿＿＿＿＿＿＿＿＿＿

④＿＿＿＿＿＿＿＿＿＿＿＿＿＿＿＿＿＿＿＿＿＿＿＿＿＿＿＿

3．～て／でから～

①少し休んでから、次の仕事をはじめましょう。

②土・日は、どこでもこんでいるので、予約してから、行きましょう。

③おふろに入ってから ＿＿＿＿＿＿＿＿＿＿＿＿＿＿＿＿＿＿＿＿

④＿＿＿＿＿＿＿＿＿＿＿＿＿＿＿＿＿＿＿＿＿＿＿＿＿＿＿＿

4．～の前に～

①ディナーの前に、家族は新婚の二人にすばらしいプレゼントをしました。

②結婚式の前に、美容院へ行って、ウェディング・ドレスを着ました。

③パーティーの前に、＿＿＿＿＿＿＿＿＿＿＿＿＿＿＿＿＿＿＿＿

④＿＿＿＿＿＿＿＿＿＿＿＿＿＿＿＿＿＿＿＿＿＿＿＿＿＿＿＿

5．～つもりです

①フランスのめいやおいに、日本のみやげを買うつもりです。

②今日から、毎朝、ジョギングをするつもりです。

③今夜は、テレビを見ないで、早く＿＿＿＿＿＿＿＿＿＿＿＿＿＿＿＿＿＿＿＿

④＿＿＿＿＿＿＿＿＿＿＿＿＿＿＿＿＿＿＿＿＿＿＿＿＿＿＿＿

II．ことばの使い方

1．右の□の中のことばを一つえらんで＿＿＿に書きなさい。

①もうパーティー場や、式場の＿＿＿＿＿＿をしましたか。

②しゅくだいをして＿＿＿＿＿＿テニスをしましょう。

③来週すもうを見る＿＿＿＿＿＿です。

④ディナーの＿＿＿＿＿＿に、シャンペンで、かんぱいしました。

⑤わたしも＿＿＿＿＿＿結婚したいと思います。

予約
つもり
から
早く
前

2．次の文を読んで、（　）にひらがなを1字ずつ入れなさい。

①日本の結婚式は、もちろん、フランスの（　）違います。

②その日は、家族みんな（　）とって、幸せ（　）一日でした。

③北フランスに住んでいる姉の家族（　）とても会いたいです。

④7年後（　）今では、四人家族（　）なりました。

3．次の説明と同じ意味のことばを□の中からえらんで＿＿＿に書きなさい。

①結婚する男の人　＿＿＿＿＿

②だれにも言わないでいること　＿＿＿＿＿

③男と女が、結婚のため、初めて会うこと　＿＿＿＿＿

④お祝いの時にのむとくべつのおさけ　＿＿＿＿＿

新婚	花むこ
恋愛	見合い
ひみつ	
シャンペン	

4．次のことばを使って、短い文を作りなさい。

①まず　＿＿＿＿＿＿＿＿＿＿＿＿＿＿＿＿＿＿＿＿

②～合う　＿＿＿＿＿＿＿＿＿＿＿＿＿＿＿＿＿＿＿＿

③ほとんど　＿＿＿＿＿＿＿＿＿＿＿＿＿＿＿＿＿＿＿＿

III．下の質問に答えなさい。

①あなたの国の結婚式と日本のと一番大きい違いは何ですか。

②「お見合い」をどう思いますか。

③結婚のプレゼントには、どんなものをあげますか。

④結婚式にはふつう何人ぐらい集まりますか。

⑤あなたの国では結婚してからもはたらく女の人は多いですか。

5課　テスト（　）月（　）日　クラス＿＿＿名前＿＿＿＿＿＿＿＿

／100

Ⅰ.次の漢字をひらがなで、英語をカタカナで書きなさい。　②×10＝⑳

1．記念（　　　　　）2．質問（　　　　　）3．美容院（　　　　　）

4．次（　　）の日（　　）5．祝（　　　　）う　6．当日（　　　　）

7．市役所（　　　　）8．dinner（　　　　　）

9．Christ（　　　　）10．party（　　　　　）

Ⅱ.（　）の中にひらがなを１字ずつ入れなさい。　②×10＝⑳

1．東京のふゆ（　）、もちろんほっかいどうのふゆ（　）違います。

2．二人の姉が幸せ（　）結婚をした（　）で、わたしも早く結婚し（　）（　）です。

3．去年（　）出来事を、例（　）して、説明（　）（　）しょう。

4．かみをきれい（　）セットして（　）（　）、式場へ行きました。

Ⅲ.下からことばを一つ選んで、＿＿＿＿に書きなさい。　④×５＝⑳

1．５年前に結婚した姉は、今おおさかで、＿＿＿＿くらしています。

2．新婚旅行の＿＿＿＿は、まだきめていません。

3．結婚＿＿＿＿のプレゼントとして、何をあげるか、まだ＿＿＿＿です。

4．テストの＿＿＿＿勉強しても、おそいです。

〔式場　当日　お見合い　行先　幸せに　祝い　花むこ　ひみつ　例　招待〕

Ⅳ.次の文を完成しなさい。　⑤×４＝⑳

1．これからテストをします。まず＿＿＿＿＿＿＿＿＿＿＿＿

2．結婚式が終わってから、みんなでならんで、＿＿＿＿＿＿＿＿

3．フランスでは、「お見合い」が＿＿＿＿＿＿＿＿＿＿＿＿

4．教会でする結婚式のふんいきは、じんじゃの結婚式＿＿＿＿＿＿

Ⅴ.次の質問に答えなさい。　⑩×２＝⑳

1．シャンペンは、どんな時にのみますか。

＿＿＿＿＿＿＿＿＿＿＿＿＿＿＿＿＿＿＿＿＿＿＿＿

2．結婚の準備として、どんなことをしますか。二つ書きなさい。

＿＿＿＿＿＿＿＿＿＿＿＿＿＿＿＿＿＿＿＿＿＿＿＿

6課　お花見は南から北へ

日本では、４月に新学期が始まりますので、あちこちで入学式が行われます。東京では、ちょうどそのころサクラの花が満開になります。上野公園をはじめ、あちこちのサクラの名所は、お花見の人でにぎやかになります。サクラの下で、お弁当を食べたり、パーティーをする人も多いです。夜になると、ちょうちんをたくさん並べて「夜桜」見物をします。これも大へんきれいです。

サクラの花は、咲いてから７日目には、もう散ってしまいます。サクラの花が30パーセントぐらい咲いた時を「三分咲き」、50パーセントの時を「五分咲き」、100パーセントの時を「満開」と言います。１本の木で、最初の花が咲いて、約10日で満開となり、２週間目ごろには、ほとんど全部散ってしまいます。ですから、サクラの見ごろは、365日の中で、たった７日間ぐらいの短さです。それで、「サクラの花は、パッと咲いて、パッと散る」とか、「花の命は短い」とか、言われます。

日本の国土は、九州から北海道まで、南北に細長いです。南と北で、

気温や天候が、ずいぶん違います。４月の平均気温で比べると、おきなわで21度、かごしまで16.1度、東京で13.9度、さっぽろで6.2度です。11月の平均気温では、おきなわでは、21.3度で、かごしま14.3度、東京12.3度、さっぽろ４度です。11月のおきなわの気温は、さっぽろの８月と同じです。

日本の南と北では、こんなに気温が違いますから、サクラの咲く時期も、かなり差があります。南から北へ行けば行くほど、おそくなります。いろいろな種類のサクラの木の中で、「ソメイヨシノザクラ」が、代表的です。花が大きくて、葉が少なく、とてもきれいなので、日本中にうえられています。

お花見の期間は、１か所では短いですが、日本全国では南から北までかなり長いです。１月のおきなわから５月のさっぽろまで、４か月も咲いています。下の地図どおりに南から北へサクラの花をおいかけて旅行すれば、数か月もお花見が楽しめます。また秋の紅葉はサクラと反対に北から南へと動きます。このように日本は国土がせまいですが、１年中、季節の変化があって、お花見や紅葉などが楽しめます。

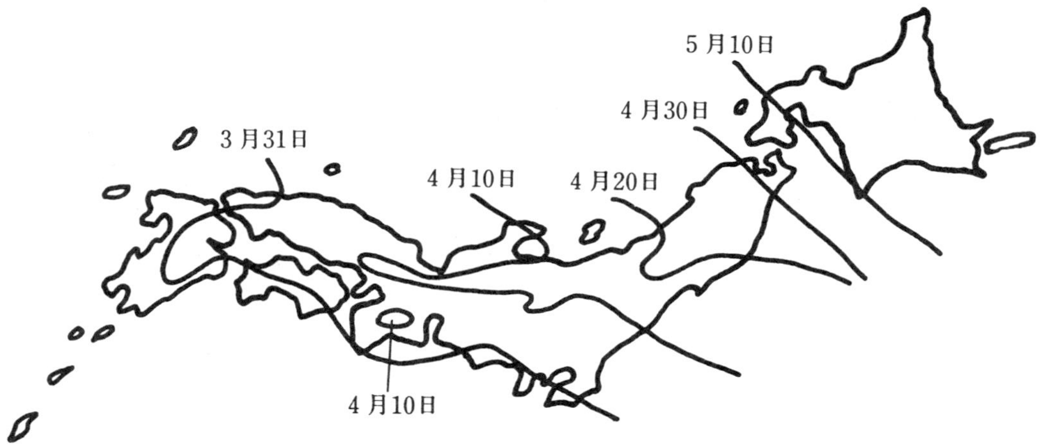

語句と漢字

サクラ　新学期（しんがっき）　始（はじ）まる　入学式（にゅうがくしき）

行（おこな）う　満開（まんかい）　上野公園（うえのこうえん）　名所（めいしょ）

①花見（はなみ）　弁当（べんとう）　多（おお）い　②ちょうちん

並（なら）べる　夜桜（よざくら）　見物（けんぶつ）　咲（さ）く

～目（め）　③散（ち）る　三分（さんぶ）、五分（ごぶ）　最初（さいしょ）

約（やく）　ほとんど　全部（ぜんぶ）　見（み）ごろ

短（みじか）い　パッと　命（いのち）　国土（こくど）

九州（きゅうしゅう）　北海道（ほっかいどう）　南北（なんぼく）　細長（ほそなが）い

気温（きおん）　天候（てんこう）　ずいぶん　違（ちが）う

平均（へいきん）　比（くら）べる　～度（ど）　同（おな）じ

時期（じき）　差（さ）　各地（かくち）　結（むす）ぶ

線（せん）　呼（よ）ぶ　種類（しゅるい）　④ソメイヨシノ

代表的（だいひょうてき）(な)　葉（は）　有名（ゆうめい）　期間（きかん）

1か所（しょ）　動（うご）く　全国（ぜんこく）　長（なが）い

地図（ちず）　～通（とお）り　おいかける　旅行（りょこう）

数（すう）か月（げつ）　楽（たの）しむ　秋（あき）　紅葉（こうよう）

反対（はんたい）に　季節（きせつ）　変化（へんか）

パーティー（party）

パーセント（percentage）

データ（data）

①

②

③

④

れんしゅう

Ⅰ．文型

例文①②③のように④の文を完成させなさい。⑤は自分で考えて作りなさい。

1．～をはじめ

①上野公園をはじめ、あちこちのサクラの名所は花見の人でにぎやかです。

②お正月には、おぞうにをはじめ、いろいろなごちそうを食べます。

③サクラの木には、ソメイヨシノをはじめ、いろいろな種類があります。

④クラスには、アメリカ人をはじめ、＿＿＿＿＿＿＿＿＿＿＿＿＿＿＿＿

⑤＿＿＿＿＿＿＿＿＿＿＿＿＿＿＿＿＿＿＿＿＿＿＿＿＿＿＿＿＿＿

2．～とか～とか

①サクラの花は「パッと散る」とか「命が短い」とか言われます。

②サクラの花が、100パーセント開いた時、「満開」とか「見ごろ」とか言います。

③あの人は、「もの知り」とか「生きじびき」とか言われています。

④学生は、テストとかしゅくだいとか＿＿＿＿＿＿＿＿＿＿＿＿＿＿＿

＿＿＿＿＿＿＿＿＿＿＿＿＿＿＿＿＿＿＿＿＿＿＿＿＿＿＿＿＿＿

⑤＿＿＿＿＿＿＿＿＿＿＿＿＿＿＿＿＿＿＿＿＿＿＿＿＿＿＿＿＿＿

3．～ば、～ほど～

①南から北へ行けば行くほど、サクラが咲く時期がおそくなります。

②ことばは、使えば使うほど、上手になります。

③友達は、多ければ多いほど、いいです。

④しゅくだいは＿＿＿＿＿＿＿＿＿＿＿＿＿＿＿＿＿＿＿＿＿＿＿＿

⑤＿＿＿＿＿＿＿＿＿＿＿＿＿＿＿＿＿＿＿＿＿＿＿＿＿＿＿＿＿＿

4．～とおりに

①地図（ちず）のとおりに、南から北へ花見旅行がしたいです。

②先生がせつめいしたとおりに、やってみてください。

③「手をあげろ！　言うとおりにしないところすぞ！」

④りょうりの本に書いてあるとおりに＿＿＿＿＿＿＿＿＿＿＿＿＿＿＿

⑤＿＿＿＿＿＿＿＿＿＿＿＿＿＿＿＿＿＿＿＿＿＿＿＿＿＿＿＿＿＿

II．ことばの使い方

1．□の中のことばを一つ選(えら)んで、＿＿＿に書きなさい。

①＿＿＿＿＿は日本の南から北へ、次々に咲きます。

②サクラが30パーセントぐらい咲いた時を＿＿＿＿＿と言います。

③サクラと＿＿＿＿＿に＿＿＿＿＿は北から始まります。

④ソメイヨシノは＿＿＿＿＿的な、サクラの＿＿＿＿＿です。

⑤11月のおきなわの気温と８月のさっぽろの気温は＿＿＿＿＿です。

サクラ	同じ	紅葉	気温	平均	代表	反対
三分咲き	種類	五分咲き	満開			

2．次の文を読んで、（　）にひらがなを１字ずつ入れなさい。

①日本（　）は、４月（　）新学期が、始まります。

②４月の中ごろ、上野公園は、花見の人（　）、にぎやか（　）なります。

③サクラの花は、咲いて（　）（　）、７日目には、もう散ります。

④「花（　）命は短い」（　）言われています。

⑤ソメイヨシノザクラ（　）、花が大きく（　）、葉が少なく、きれいです。

3．次のことばを使って短文を作りなさい。

①並べる　＿＿＿＿＿＿＿＿＿＿＿＿＿＿＿＿＿＿＿＿

②楽しむ　＿＿＿＿＿＿＿＿＿＿＿＿＿＿＿＿＿＿＿＿

③おいかける　＿＿＿＿＿＿＿＿＿＿＿＿＿＿＿＿＿＿＿＿

④細長い　＿＿＿＿＿＿＿＿＿＿＿＿＿＿＿＿＿＿＿＿

⑤パッと　＿＿＿＿＿＿＿＿＿＿＿＿＿＿＿＿＿＿＿＿

4．次のことばを全部(ぜんぶ)使って、文を作りなさい。

①日本、４月、新学期、各地、入学式、サクラ、咲く

＿＿＿＿＿＿＿＿＿＿＿＿＿＿＿＿＿＿＿＿＿＿＿＿＿＿＿＿

②日本、国土、せまい、南北、気温、天候、差

＿＿＿＿＿＿＿＿＿＿＿＿＿＿＿＿＿＿＿＿＿＿＿＿＿＿＿＿

③おきなわ、平均、気温、４月、11月、あまり、差

④ほっかいどう、おきなわ、お花見、数か月、見る

⑤ソメイヨシノ、サクラ、代表的、種類、花、大きい、葉、少ない、きれい

III．下の質問に答えなさい。

①お花見をしたことがありますか。（どこで、だれと、いつごろ？）

②サクラの五分咲きとはどういういみですか。

③サクラは１本の木でどのぐらい咲いていますか。

④「花の命は短い」のいみは？

⑤４月の平均気温では、おきなわとさっぽろの差はどのぐらいですか。

⑥お花見と紅葉見物と、どちらの方がすきですか。

⑦その理由は？

6課　テスト（　）月（　）日　クラス＿＿＿名前＿＿＿＿＿＿＿＿

／100

Ⅰ.次の漢字をひらがなで、英語をカタカナで書きなさい。　②×10＝⑳

1．新学期（　　　　　　）2．気温（　　　　　　）3．天候（　　　　　　）

4．紅葉（　　　　　　）5．夜桜（　　　　　　）6．平均（　　　　　　）

7．弁当（　　　　　　）8．数（　　　　　）か月（　　　　　）

9．data（　　　　　　）10．percentage（　　　　　　）

Ⅱ.（　）の中にひらがなを1字ずつ入れなさい。　②×10＝⑳

1．この地図の（　）（　）（　）に行け（　）、すぐわかりますよ。

2．南（　）（　）北へ行けば、行く（　）（　）、桜がおそく咲きます。

3．南から北へ旅行すれば、数か月（　）、お花見が楽し（　）ます。

4．春になる（　）、上野公園を（　）（　）（　）、各地（　）お花見（　）できます。

Ⅲ.下からことばを一つ選んで、＿＿＿＿＿に書きなさい。　④×5＝⑳

1．桜は南から北へ、＿＿＿＿＿紅葉は北から南へ見ごろの時期が動きます。

2．桜の種類は「ソメイヨシノ」を＿＿＿＿＿、たくさんの種類があります。

3．4月の＿＿＿＿気温で比べると、おきなわとさっぽろでは14度の＿＿＿がある。

4．たくさんの＿＿＿＿＿が並んで、夜桜がとてもきれいでした。

〔はじめ　細長い　平均　名所　満開　反対に　代表的　差　ちょうちん〕

Ⅳ.次の文を完成しなさい。　⑤×4＝⑳

1．友達は多ければ＿＿＿＿＿＿＿＿＿＿＿＿＿＿＿＿＿＿＿＿

2．母がおしえてくれたとおりに＿＿＿＿＿＿＿＿＿＿＿＿＿＿＿＿

3．学生はテストとかしゅくだい＿＿＿＿＿＿＿＿＿＿＿＿＿＿＿＿

4．きょうしつには、こくばんをはじめ＿＿＿＿＿＿＿＿＿＿＿＿＿＿

Ⅴ.次の質問に答えなさい。　⑩×2＝⑳

1．「満開」のサクラとは、どういういみですか。

＿＿＿＿＿＿＿＿＿＿＿＿＿＿＿＿＿＿＿＿＿＿＿＿＿＿＿＿＿＿

2．日本の国土は、九州から北海道まで、どんな形ですか。

＿＿＿＿＿＿＿＿＿＿＿＿＿＿＿＿＿＿＿＿＿＿＿＿＿＿＿＿＿＿

7課　初めてのアルバイト

先週の日曜日に、わたしは友達の家でアルバイトをしました。友達の家は、ケーキ屋です。店の中には小さいきっさ店もあります。友達のお父さんとお母さんがケーキを作って、お姉さんが売っています。きっさ店には白くてまるいテーブルといすがあってテーブルの上には花がおいてあります。かべには絵がかけてあります。店の中はコーヒーのにおいがします。きっさ店では男の人が一人、はたらいていて、その人がわたしに仕事を教えてくれました。

初めてのお客さんは、わかい女の人が二人でした。わたしは「いらっしゃいませ」と小さい声で言いました。むねがドキドキしました。わたしは日本語がまだ上手ではないので、心配でした。お客さんは「コーヒーを二つと、ケーキを二つ、おねがいします」と言いました。しかし、いろいろなケーキがありますから、どのケーキか、わかりません。わたしはよく考えてから、「ケーキはいろいろあります。どんなケーキですか」と聞きました。お客さんは「そうねえ。メニューを見せてください」と言いました。わたしはメニューを見せました。「チーズ

ケーキをください」とお客さんは言いました。わたしはおぼんの上に、ケーキとコーヒーをのせてはこびました。お客さんは「ありがとう」と言いました。わたしはうれしくなりました。それからつぎつぎと、お客さんが来ました。わたしは「いらっしゃいませ」と大きい声で言って、メニューと水の入ったコップをテーブルにはこびました。ケーキやのみものの名前も全部おぼえました。

やっと午後7時に仕事が終わりました。友達のお父さんがアルバイト代をくれました。初めて自分ではたらいて、お金をもらいました。一日中立っていたので、つかれましたが、とてもうれしかったです。友達のお父さんが「毎週日曜日に、この店ではたらきませんか」とわたしに聞きました。わたしは「はい、みなさん親切ですし、日本語の勉強もできるので、ここではたらきたいです。よろしくおねがいします」と言いました。お父さんは「こちらこそ」と言いました。しかし、本当は、わたしはケーキが大好きなので、ここではたらきたかったのです。

帰る時に、友達のお母さんが「ごくろうさま」と言って、ケーキを五つ、箱に入れてくれました。わたしはケーキの箱を大切にかかえて家に帰りました。

語句と漢字

初(はじ)めて	先週(せんしゅう)	日曜日(にちようび)	友達(ともだち)
家(いえ)	～屋(や)	店(みせ)	小(ちい)さい
きっさ店(てん)	お父(とう)さん	お母(かあ)さん	お姉(ねえ)さん
売(う)る	まるい	花(はな)	かべ
絵(え)	かける	①におい	男(おとこ)の人(ひと)
はたらく	仕事(しごと)	教(おし)える	お客(きゃく)さん
わかい	女(おんな)の人(ひと)	いらっしゃいませ	
むね	ドキドキ	上手(じょうず)	心配(しんぱい)
おねがいします	いろいろ(な)	考(かんが)える	聞(き)く
②おぼん	③のせる	はこぶ	うれしい
つぎつぎ	水(みず)	のみもの	全部(ぜんぶ)
おぼえる	やっと	午後(ごご)	終(お)わる
～代(だい)	自分(じぶん)	お金(かね)	一日中(いちにちじゅう)
④つかれる	毎週(まいしゅう)	みなさん	親切(しんせつ)(な)
勉強(べんきょう)	こちらこそ	本当(ほんとう)	大好(だいす)き(な)
帰(かえ)る	ごくろうさま	箱(はこ)	⑤かかえる

アルバイト(ドArbeit)　ケーキ(cake)

⑥メニュー(menu)

チーズケーキ (cheese cake)

コーヒー (coffee)　コップ (ポkap)

①

④

⑤

⑥
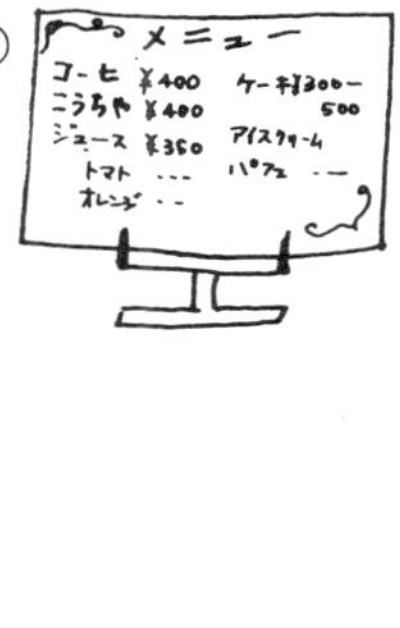

れんしゅう

Ⅰ．文型

例文①②のように③の文を完成させなさい。④は自分で考えて作りなさい。

1．～で～をする

①先週の日曜日に友達の家でアルバイトをしました。

②わたしはさっき店で仕事をしました。

③学校の帰りに、＿＿＿＿＿＿＿＿＿＿＿＿＿＿＿＿

④＿＿＿＿＿＿＿＿＿＿＿＿＿＿＿＿＿＿＿＿＿＿

2．～てある

①テーブルの上には花がおいてあります。

②かべには絵がかけてあります。

③わたしの部屋はいつも電気が＿＿＿＿＿＿＿＿＿＿＿＿＿＿

④＿＿＿＿＿＿＿＿＿＿＿＿＿＿＿＿＿＿＿＿＿＿

3．～が／は～に～をくれる

①友達のお父さんがわたしにバイト代をくれました。

②誕生日(たんじょうび)に、母はわたしに時計をくれました。兄は本をくれました。

③先生がわたしに＿＿＿＿＿＿＿＿＿＿＿＿＿＿＿＿

④＿＿＿＿＿＿＿＿＿＿＿＿＿＿＿＿＿＿＿＿＿＿

4．～てくれる

①男の人がわたしに仕事を教えてくれました。

②そのお客さんはケーキをたくさん、買ってくれました。

③日本人の友達はわたし＿＿＿＿＿＿＿＿＿＿＿＿＿＿

④＿＿＿＿＿＿＿＿＿＿＿＿＿＿＿＿＿＿＿＿＿＿

Ⅱ．ことばの使い方

1．□の中からことばを一つ選(えら)んで、適当(てきとう)な形(かたち)にして＿＿＿に書きなさい。

①母がばんごはんを＿＿＿＿＿ています。いい＿＿＿＿＿がします。

②「コップはどこにありますか」「そのたなの中に＿＿＿＿＿てあります」

③「もうひらがなは＿＿＿＿＿＿おぼえましたか」「はい、おぼえました」

④わたしの家から学校まで２時間かかります。電車はこんでいて、ずっと＿＿＿＿＿＿ているので、とても＿＿＿＿＿＿ます。

⑤食事が終わってから、わたしはおさらとおちゃわんをおぼんに＿＿＿＿＿＿て、台所に＿＿＿＿＿＿で洗いました。

⑥きのう妹(いもうと)はディズニーランドへ行きました。母に買ってもらった動物(どうぶつ)の人形(にんぎょう)を大切に＿＿＿＿＿＿て帰りました。妹はとても＿＿＿＿＿＿そうでした。

かかえる	におい	つかれる	のせる	おく	立つ
はこぶ	作る	うれしい	ぜんぶ		

2．次の文を読んで、（　）にひらがなを１字ずつ入れなさい。

①デパートの中（　）は、小さい店（　）たくさんあります。

②教室のかべ（　）、きれいな写真(しゃしん)（　）かざってあります。

③初めて日本語を話した時、むね（　）ドキドキしました。

④先生がわたし（　）質問(しつもん)をしましたが、わたしはよくわからなかったので、小さい声（　）こたえました。

⑤こうちゃとジュース（　）おぼん（　）のせてはこびました。

⑥仕事（　）終わってから、アルバイト代（　）もらいました。

⑦会社（　）帰り（　）、友達と映画(えいが)を見ました。

⑧誕生日のプレゼントに、ガラスの花びん（　）もらいました。われないように、大切（　）もって帰りました。

3．次のことばを使って短文を作りなさい。

①はたらく ＿＿＿＿＿＿＿＿＿＿＿＿＿＿＿＿＿＿＿＿

②わかい ＿＿＿＿＿＿＿＿＿＿＿＿＿＿＿＿＿＿＿＿

③おぼえる ＿＿＿＿＿＿＿＿＿＿＿＿＿＿＿＿＿＿＿＿

④教える ＿＿＿＿＿＿＿＿＿＿＿＿＿＿＿＿＿＿＿＿

⑤かかえる ＿＿＿＿＿＿＿＿＿＿＿＿＿＿＿＿＿＿＿＿

4．次のことばの反対（はんたい）のことばを書きなさい。

（例） 好き　（きらい）

① 心配	(　　　)	⑤ 教える	(　　　)
② いい	(　　　)	⑥ 売る	(　　　)
③ 上手	(　　　)	⑦ 男の人	(　　　)
④ 大きい	(　　　)	⑧ わかい	(　　　)

III．下の質問に答えなさい。

①この文を書いた人は、いつ、どこでアルバイトをしましたか。
②そこでは、何を作っていますか。何を売っていますか。
③きっさ店の中には何がありますか。
④だれが仕事を教えてくれましたか。
⑤初めてのお客さんに「いらっしゃいませ」と言った時、どうしてむねがドキドキしましたか。
⑥初めてのお客さんは、どんなケーキとどんなのみものをたのみましたか。
⑦何時に仕事が終わりましたか。
⑧アルバイトのお金をもらってどうしてうれしかったのですか。
⑨どうしてその店でアルバイトをしたいと思いましたか。
⑩友達のお母さんは、帰る時に何をくれましたか。
⑪あなたはアルバイトをしたことがありますか。
⑫日本語を使ってアルバイトをするのはむずかしいですか。

7課　テスト（　）月（　）日　クラス＿＿＿名前＿＿＿＿＿＿＿＿

／100

Ⅰ.次の漢字をひらがなで書きなさい。　②×10＝⑳

1．親切（　　　　）2．心配（　　　　）3．上手（　　　　）

4．仕事（　　　　）5．帰（　　　　）る　6．箱（　　　　）

7．教（　　　　）える　8．考（　　　　）える

9．一日中（　　　　）10．大好（　　　　）き

Ⅱ.（　）の中にひらがなを１字ずつ入れなさい。　①×10＝⑩

1．仕事（　）全部、終わって（　）（　）アルバイト代（　）もらいました。

2．テーブルの上（　）、花（　）かざってあります。

3．はじめて日本語（　）話したとき、むね（　）ドキドキしました。

4．店の中は、コーヒーのいいにおい（　）して、音楽（　）きこえます。

5．友達は家族の写真（　）みせてくれました。

Ⅲ.次のことばの反対のことばを書きなさい。　③×10＝㉚

1．来る――（　　　　）2．買う――（　　　　）3．いい――（　　　　）

4．上手――（　　　　）5．終わる――（　　　　）6．小さい――（　　　　）

7．入れる――（　　　　）8．習う――（　　　　）9．もらう――（　　　　）

10．安心する――（　　　　）

Ⅳ.下からことばを一つ選んで適当な形にして＿＿＿＿＿に書きなさい。　⑤×６＝㉚

1．たなの中にコップが＿＿＿＿＿ありますから、３つ、とってください。

2．デパートにきれいなくつが＿＿＿＿＿ので、＿＿＿＿＿のですが、高くて買えませんでした。

3．コーヒーとケーキをおぼんに＿＿＿＿＿て、テーブルにはこびました。

4．きょうは朝から夕方まで＿＿＿＿＿ので、とても＿＿＿＿＿ました。

〔おく　はたらく　のせる　ほしい　ある　つかれる〕

Ⅴ.次のことばを使って短文を作りなさい。　⑤×２＝⑩

1．教える　＿＿＿＿＿＿＿＿＿＿＿＿＿＿＿＿＿＿＿＿

2．心配する　＿＿＿＿＿＿＿＿＿＿＿＿＿＿＿＿＿＿＿＿

8課　家　　族

わたしの家族は６人です。祖母と両親と兄と妹と、わたしです。祖母はお茶の先生です。週に１回、家でお茶を教えています。わたしも時々、祖母にお茶を教えてもらいます。静かなお茶室でお茶を飲むと、心が落ち着きます。しかし、長い時間座っているので、足が痛くなって立てなくなることもあります。

祖母は八十八さいですが、とても元気で何でも自分でします。父は高校で歴史を教えています。父の趣味は写真で、若い時はカメラマンになりたかったそうです。わたしの家は鎌倉という古い町にありますから、父は休みの日には町を歩いて写真をとります。母は主婦で、料理がとくいです。歌が好きです。台所で料理を作りながら、いつも歌を歌っています。兄は貿易会社につとめています。スポーツは何でも好きです。恋人はまだいません。妹は高校生ですが、今アメリカの高校に１年間、留学しています。妹の手紙に「食事が多いので３キロも

太ってしまいました」と書いてありました。アメリカの生活にもなれたそうです。

先週の日曜日は祖母の誕生日でした。日本では八十八さいになると「米じゅ」というお祝いをします。米の字を分けると八十八になるので「米じゅ」といいます。親せきの人や祖母の友だちも来てお祝いをしました。祖母はとてもうれしそうでした。

お祝いの会が終わってから、みんなで町を散歩しました。鎌倉にはお寺や神社などがたくさんあります。海も近いです。わたしたちは2時間ぐらい散歩をしたので疲れました。しかし祖母は「これから海を見に行きましょう」と言いました。兄は「ぼくよりおばあちゃんのほうが若いね」と言いました。祖母が「明治生まれだから元気なのですよ。あなたもがんばりなさい」と言ったので、みんな笑いました。

日本人の平均寿命は世界で一番高くなりました。お年よりはこれからもっと多くなります。祖母のように年を取っても元気でいることは大切なことです。

語句と漢字

①家族（かぞく）	祖母（そぼ）	両親（りょうしん）	兄（あに）
妹（いもうと）	お茶（ちゃ）	先生（せんせい）	週（しゅう）
～回（かい）	教（おし）える	時々（ときどき）	静（しず）か(な)
お茶室（ちゃしつ）	飲（の）む	心（こころ）	落（お）ち着（つ）く
長（なが）い	時間（じかん）	座（すわ）る	足（あし）
痛（いた）い	～さい	元気（げんき）(な)	自分（じぶん）
高校（こうこう）	歴史（れきし）	趣味（しゅみ）	写真（しゃしん）
若（わか）い	鎌倉（かまくら）	町（まち）	歩（ある）く
主婦（しゅふ）	料理（りょうり）	とくい(な)	歌（うた）
台所（だいどころ）	作（つく）る	貿易会社（ぼうえきがいしゃ）	つとめる
②恋人（こいびと）	高校生（こうこうせい）	留学（りゅうがく）する	手紙（てがみ）
食事（しょくじ）	多（おお）い	③太（ふと）る	生活（せいかつ）
なれる	先週（せんしゅう）	④誕生日（たんじょうび）	米（べい）じゅ
お祝（いわ）い	米（こめ）	分（わ）ける	親（しん）せき
⑤散歩（さんぽ）する	お寺（てら）	神社（じんじゃ）	海（うみ）
近（ちか）い	疲（つか）れる	ぼく	おばあちゃん
若（わか）い	明治生（めいじう）まれ	笑（わら）う	平均寿命（へいきんじゅみょう）
世界（せかい）	高（たか）い	お年（とし）より	年を取（と）る

カメラマン (cameraman)　スポーツ (sports)

アメリカ (America)

①

②

③
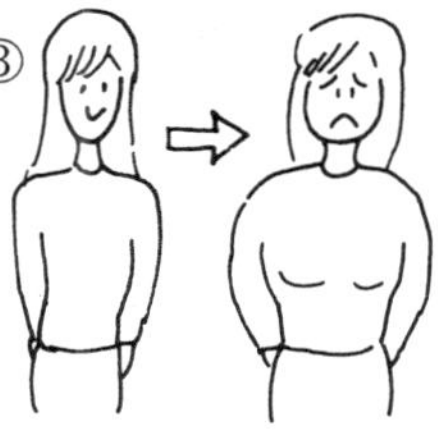

④

⑤

れんしゅう

Ⅰ．文型

例文①②のように③の文を完成させなさい。④は自分で考えて作りなさい。

１．～そうです（伝聞（でんぶん））

①父は若い時はカメラマンになりたかったそうです。

②妹はアメリカの生活にもなれたそうです。

③北海道（ほっかいどう）は、今、とても＿＿＿＿＿＿＿＿＿＿＿＿＿＿＿＿

④＿＿＿＿＿＿＿＿＿＿＿＿＿＿＿＿＿＿＿＿＿＿＿＿

２．～てもらう

①わたしも時々、祖母にお茶を教えてもらいます。

②父に写真をとってもらいました。

③先生に＿＿＿＿＿＿＿＿＿＿＿＿＿＿＿＿＿＿＿＿＿

④＿＿＿＿＿＿＿＿＿＿＿＿＿＿＿＿＿＿＿＿＿＿＿＿

３．～く／～に　なる

①長い時間座っているので足が痛くなります。

②祖母は今年、八十八さいになりました。

③春（はる）になって＿＿＿＿＿＿＿＿＿＿＿＿＿＿＿＿＿＿＿

④＿＿＿＿＿＿＿＿＿＿＿＿＿＿＿＿＿＿＿＿＿＿＿＿

４．～ながら～

①母は料理を作りながらいつも歌を歌っています。

②兄は歩きながらウォークマンで音楽を聞いています。

③テレビを見ながら＿＿＿＿＿＿＿＿＿＿＿＿＿＿＿＿＿

④＿＿＿＿＿＿＿＿＿＿＿＿＿＿＿＿＿＿＿＿＿＿＿＿

５．～ので

①長い時間座っているので足が痛くなって立てなくなります。

②食事が多いので３キロも太ってしまいました。

③疲れたので＿＿＿＿＿＿＿＿＿＿＿＿＿＿＿＿＿＿＿＿

④＿＿＿＿＿＿＿＿＿＿＿＿＿＿＿＿＿＿＿＿＿＿＿＿

II．ことばの使い方

1．［　　］の中のことばを一つ選(えら)んで、適当(てきとう)な形(かたち)にして＿＿＿＿に書きなさい。

①日本に来てから３年になりますので、日本の生活に＿＿＿＿＿＿が、たたみの上に＿＿＿＿＿＿ことはできません。

②日曜日は、家族で公園を＿＿＿＿＿＿します。

③外国から品物(しなもの)を買ったり、日本の品物を外国に売ったりすることを＿＿＿＿＿＿と言います。

④九十九さいになると「白(はく)じゅ」の＿＿＿＿＿＿をします。百の字から上の一をとると、「白」になるので「白じゅ」と言います。

⑤兄は会社員ですが、スポーツが＿＿＿＿＿＿で、休みになると、テニスや水泳に行きます。

お祝い	座る	趣味	なれる	貿易	散歩

2．次の文を読んで、（　）にひらがなを１字ずつ入れなさい。

①わたしの家は新宿（　）あります。

②兄は、スポーツ（　）とくいですが、わたしはにがてです。

③わたしの兄弟(きょうだい)はみんな東京の会社（　）つとめています。

④わたしは毎日父（　）、勉強（　）教えてもらいます。

⑤母は誕生日のケーキをナイフ（　）六つ（　）分けました。

⑥パーティー（　）終わってから、みんな（　）、そうじをしました。

⑦わたしは中国料理(ちゅうごくりょうり)（　）好きなので、時々、中国料理のレストランへ食べ（　）行きます。

⑧祖母は八十八さいですが、わたしたち（　）（　）祖母の（　）（　）が元気です。

⑨日本では、年（　）取った人が、多くなっています。

⑩いつまでもお元気（　）いてください。

3．次のことばを使って短文を作りなさい。

①疲れる ________________

②分ける ________________

③落ち着く ________________

④歩く ________________

⑤とくい(な) ________________

III．下の質問に答えなさい。

①この文を書いた人の家族は何人ですか。

②おばあさんは何さいで、何をしていますか。

③お父さんは何をしていますか。趣味は何ですか。

④お母さんは何をしていますか。何がとくいですか。何が好きですか。

⑤お兄さんは何をしていますか。何が好きですか。

⑥妹さんは、今、どこにいますか。

⑦この家族はどこに住(す)んでいますか。

⑧先週の日曜日に、何がありましたか。

⑨八十八さいのお祝いを、どうして米じゅと言いますか。

⑩お祝いが終わってから、どうしましたか。

⑪おばあさんの言ったことを聞いて、どうしてみんなは笑いましたか。

⑫あなたの国の平均寿命は何さいくらいですか。

⑬あなたの国のお年よりは、どんな生活をしていますか。

⑭あなたの国では、年を取ると、どんなお祝いがありますか。

8課　テスト（　）月（　）日　クラス＿＿＿名前＿＿＿＿＿＿＿＿

／100

Ⅰ.次の漢字をひらがなで書きなさい。　②×10＝⑳

1．海（　　　　）2．太（　　　　）る 3．歌（　　　　）4．心（　　　　）

5．歴史（　　　　）6．主婦（　　　　）7．趣味（　　　　）

8．神社（　　　　）9．料理（　　　　）10．静（　　　　）かな

Ⅱ.（　）の中にひらがなを１字ずつ入れなさい。　②×15＝㉚

1．弟はドイツ（　）留学しています。生活のことは何（　）（　）自分（　）します。

2．誕生日のケーキ（　）ナイフ（　）、六つ（　）分けました。

3．日曜日は午後から家族（　）町（　）散歩して、写真（　）とったりします。

4．日本では99さい（　）なる（　）「白じゅ」と（　）（　）お祝いをします。

5．年（　）取っても、元気（　）いることは、大切（　）ことです。

Ⅲ.次の文を読んで質問に答えなさい。

わたしの家族は６人です。祖母と両親と兄と妹と、わたしです。祖母はお茶の先生です。週に１回、家でお茶を教えています。わたしも時々、祖母にお茶を教えて＿＿㋐＿＿。静かなお茶室でお茶を飲むと、心が落ち着きます。しかし長い時間座っている（ⓐ）足が痛くなって立てなくなる（ⓑ）もあります。

1．＿＿㋐＿＿に入ることばを下から一つ選んで番号に○をつけなさい。　⑤

①　くれます　　②　もらいます　　③　あげます

2．（ⓐ）（ⓑ）に入ることばを下から一つずつ選んで、右に書きなさい。　⑤×２＝⑩

〔ので　　とき　　もの　　こと〕

ⓐ＿＿＿＿＿

ⓑ＿＿＿＿＿

Ⅳ.次の文を完成しなさい。　⑤×３＝⑮

1．夜はいつも音楽を聞きながら＿＿＿＿＿＿＿＿＿＿＿＿

2．友達は＿＿＿＿＿＿＿＿ので、＿＿＿＿＿＿＿＿そうです。

Ⅴ.質問に答えなさい。　⑩×２＝⑳

1．88さいのお祝いを何といいますか。

＿＿＿＿＿＿＿＿＿＿＿＿＿＿＿＿＿＿＿＿

2．鎌倉はどんな町ですか。

＿＿＿＿＿＿＿＿＿＿＿＿＿＿＿＿＿＿＿＿

9課　お帰りなさい／宇宙から*

秋山とよひろさんは、日本人で初めての宇宙飛行を終えて、無事に地球へ帰って来ました。1990年12月10日、日本時間で午後３時８分16秒でした。日本中の人が心から喜んで、「お帰りなさい」と言いました。秋山さんがソ連の宇宙船で、宇宙旅行に出発したのは、12月２日午後５時13分20秒でした。８日間の宇宙旅行でした。

出発の日の朝は、現地時間で午前５時半に起きました。そして、10時40分に元気な声で、「行って来ます」と言って、宇宙船に乗りました。秋山さんの奥さんは、「がんばって！」と言って見送りました。秋山さんは、テレビ局の記者です。出発の２時間後、すなわち、日本時間で２日の午後７時には、もう宇宙船から秋山記者の声が日本中のテレビ・ラジオをとおして、聞こえました。

「出発直後、宇宙船はひどくゆれました。窓から見る宇宙は、まっくらです。地球はやっぱり青いですね」

秋山さんは日本人では初めてですが、世界では242人目の宇宙飛行士です。８日間の宇宙旅行は、地球１周４万キロを90分、125周しましたから、全部で500万キロの大旅行でした。

秋山さんたちの乗ったカプセルは12月10日にソ連のまっ白な雪原に無事着陸しました。テレビのインタビューで「青空がきれいですね、おなかがすいちゃった。うまいものを早く食いたいし、たばこを吸いたいし、ビールを飲みたいです。あゝ、空気がうまい！」などと話しました。それから「宇宙から見ると、地球には国境がないです。世界中の人はみんな仲良くしましょう！」とも言いました。「秋山さん、お帰りなさい！おめでとう！おつかれさま！」とみんなで言いました。

語句と漢字

帰(かえ)る	①宇宙(うちゅう)	秋山(あきやま)	初(はじ)めて
飛行(ひこう)	無事(ぶじ)	地球(ちきゅう)	日本時間(じかん)
午後(ごご)	～秒(びょう)	心(こころ)	喜(よろこ)ぶ
ソ連(れん)	②宇宙船(うちゅうせん)	出発(しゅっぱつ)する	現地(げんち)時間
午前(ごぜん)5時半	起(お)きる	元気(げんき)な声(こえ)	乗(の)る
奥(おく)さん	がんばる	見送(みおく)る	テレビ局(きょく)
記者(きしゃ)	声(こえ)	すなわち	日本中(にほんじゅう)
聞(き)こえる	直後(ちょくご)	ひどく	ゆれる
窓(まど)	まっくら	青(あお)い	初(はじ)めて
③宇宙飛行士(うちゅうひこうし)	～人目(にんめ)	1周(しゅう)	4万(よんまん)
全部(ぜんぶ)	大旅行(だいりょこう)	まっ白な	雪原(せつげん)
④着陸(ちゃくりく)する	青空(あおぞら)	おなか	すく
うまい	食(く)う	吸(す)う	飲(の)む
空気(くうき)	話(はな)す	国境(こっきょう)	仲良(なかよ)く
言(い)う	おめでとう	おつかれさま	

テレビ (television)	ラジオ (radio)
～キロ (kilometer)	⑤カプセル (capsule)
インタビュー (interview)	ビール (beer)

①
②
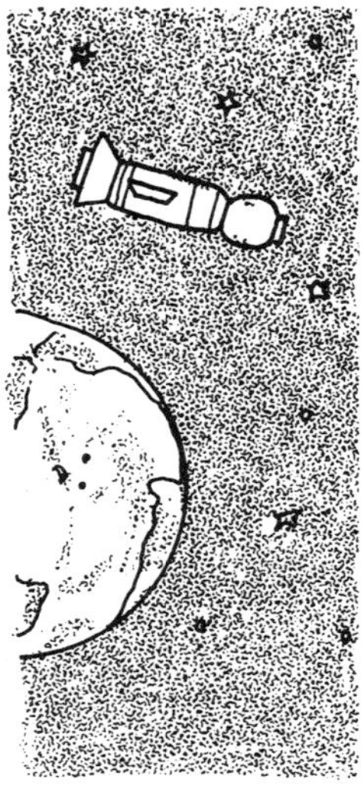

③

④
⑤
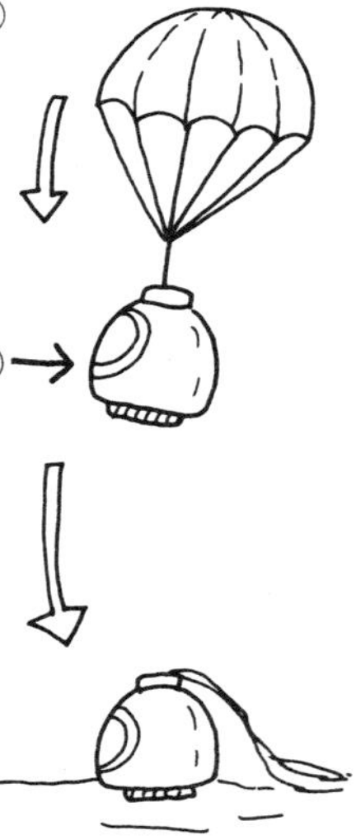

れんしゅう

Ⅰ．文型

1．～(動詞) のは～

例文①②のように③の文を完成させなさい。④は自分で考えて作りなさい。

①秋山さんが宇宙旅行に出発したのは、12月２日の午後でした。

②秋山さんたちの乗ったカプセルが着陸したのは、まっ白な雪原でした。

③先週わたしがテレビを買ったのは ____________________

④____________________

2．(時間表現) には、もう～

①その日の午後７時には、もう宇宙船からニュースが入りました。

②日本を出発して、７時間後には、もうハワイでおよいでいました。

③学生のみなさんは、３月には、もう ____________________

④____________________

Ⅱ．ことばの使い方

1．[　　]の中のことばを一つ選んで、適当な形にして______に書きなさい。

①ソ連のカプセルは______雪ののはらにおりてきました。

②年末なので、道路は、______こんでいました。

③世界中の人が______助け合う日が来ると思いますか。

④宇宙へ出発してから、２時間後には、______ニュースが入りました。

⑤ゆうべ、ほしがたくさん出ていました。けさは______いい天気です。

⑥今は、現地時間で午後１時13分、______日本時間で午後５時13分です。

⑦クラスには______15人の学生がいます。

⑧家族は、手をふって______いました。

ひどく	まっ白な	全部で	見送って
すなわち	もう	やっぱり	仲良く

2．次の文を読んで、（　）にひらがなを1字ずつ入れなさい。

①秋山さんは、日本人（　）初めて（　）宇宙飛行士です。

②宇宙船は12月10日（　）、無事（　）帰って来ました。

③出発前に、元気（　）声で「行って来ます」（　）言いました。

④うまいものを食いたい（　）、たばこを吸いたい（　）、ビールも飲みたい。

⑤宇宙へ飛行士（　）送った国は、全部（　）21あるそうです。

3．次の説明(せつめい)と同(おな)じ意味(いみ)のことばを［　　］の中から選んで＿＿＿に書きなさい。

①360秒 ＿＿＿＿＿＿＿＿

②まるいもののまわりを1回まわること ＿＿＿＿＿＿＿＿

③おいしい ＿＿＿＿＿＿＿＿

④いっしょうけんめいにする ＿＿＿＿＿＿＿＿

⑤ひこうきなどが、空からおりてきてつくこと ＿＿＿＿＿＿＿＿

うまい
がんばる
6分
着陸
1周

4．次のことばを使(つか)って短文(たんぶん)を作りなさい。

①がんばる ＿＿＿＿＿＿＿＿

②聞こえる ＿＿＿＿＿＿＿＿

③やっぱり ＿＿＿＿＿＿＿＿

④初めて ＿＿＿＿＿＿＿＿

⑤おめでとう ＿＿＿＿＿＿＿＿

III．下の質問に答えなさい。

① 秋山さんは、なぜゆうめいになりましたか。

② 秋山さんのしごとは。

③ 秋山さんは、世界で何番目の宇宙飛行士ですか。

④ 宇宙船は地球のまわりを何分で1周しましたか。

⑤ 秋山さんの乗った宇宙船はどこのですか。

⑥ 秋山さんが、宇宙船から送ったニュースはどんなことでしたか。

⑦ 秋山さんは、宇宙から帰って来て、どんなことを話しましたか。

9課　テスト（　）月（　）日　クラス＿＿＿＿名前＿＿＿＿＿＿＿＿

／100

Ⅰ.次の漢字をひらがなで、英語をカタカナで書きなさい。　②×10＝⑳

1．出発（　　　　　）2．着陸（　　　　　）3．地球（　　　　　）

4．記者（　　　　　）5．初（　　　　　）めて　6．無事（　　　　　）

7．喜（　　　　　）ぶ　8．interview（　　　　　　　　）

9．television（　　　　　　　）10．capsule（　　　　　　　）

Ⅱ.（　）の中にひらがなを1字ずつ入れなさい。　②×10＝⑳

1．秋山とよひろさんはソ連（　）宇宙船（　）乗った、日本人（　）初めて（　）宇宙飛行士です。

2．宇宙（　）星（　）どのくらいありますか。

3．「青空（　）きれいです（　）。ああ、空気（　）うまい」（　）言った。

Ⅲ.下からことばを一つ選んで適当な形にして＿＿＿＿に書きなさい。　③×10＝㉚

1．宇宙船は＿＿＿＿に＿＿＿＿の＿＿＿＿雪原に着陸した。

2．＿＿＿＿間の宇宙旅行で、地球1周＿＿＿＿を＿＿＿＿で＿＿＿＿しました。

3．＿＿＿＿の人が＿＿＿＿助け合う日が来ると＿＿＿＿か。

（ソ連　4万キロ　世界中　思う　90分　125周
8日　仲良い　まっ白な　12月10日）

Ⅳ.次の説明と同じ意味のことばを□から選んで書きなさい。　②×5＝⑩

1．360秒　＿＿＿＿＿＿

2．まるいもののまわりを1回まわること　＿＿＿＿＿＿

3．国と国とをわけているもの　＿＿＿＿＿＿

4．おいしい　＿＿＿＿＿＿

5．いっしょうけんめいにする　＿＿＿＿＿＿

うまい がんばる 6分 1周 国境

Ⅴ.次のことばを使って短文を作りなさい。　⑩×2＝⑳

1．聞こえる　＿＿＿＿＿＿＿＿＿＿＿＿＿＿＿＿

2．おめでとう　＿＿＿＿＿＿＿＿＿＿＿＿＿＿＿＿

10課　留学生の生活*

わたしの名前は森川マリアです。日本に来てから、半年になります。だいぶ、日本の生活に慣れました。わたしはよく日本人に間違えられます。それはわたしの顔が日本人のようだからです。

ですから、日本に来たばかりのころから、「すみません。○○へはどう行けば、いいでしょうか」と、知らない人に道をたずねられました。その時はもちろん、日本語で答えられませんでした。今は分かる時には教えてあげますが、あまり上手にできません。でも、「ごめんなさい。わかりません」と答えられるようになりました。

実は、わたしは、祖父が日本人で祖母がアメリカ人の、日系アメリカ人なのです。ですから、名字が日本名です。ふるさとはロサンゼルスです。日本まで飛行機で10時間ぐらいかかります。

わたしは経済の勉強がしたくて、日本に留学しました。アメリカでも経済の勉強をしていました。両国の比較をしたいのです。

まず、この日本語学校で１年間、日本語を勉強して、大学に入るつもりです。まだまだ日本語が上手ではありませんが、しっかり勉強しています。わたしにとって一番難しいのは漢字です。中級のクラスに入ってから、漢字が増えました。時々、泣きたくなります。新聞もなかなか読めません。

こんな時、アメリカへ帰ろうかなと思います。電話は高いので、国の家族や友達に手紙を書きます。ラジオで、アメリカの放送を聞きます。クラスメートを誘って、居酒屋で飲むこともあります。カラオケ・バーには行きません。わたしは歌が下手ですから。でも、ディスコへは行きます。たくさん踊って汗をかくと、気持ちがいいです。元気になります。そして、わたしはまた新しい気持ちで勉強を始めます。

語句と漢字

留学生（りゅうがくせい）	生活（せいかつ）	森川（もりかわ）	半年（はんとし）
慣（な）れる	間違（まちが）える	顔（かお）	～ころ
知（し）らない	道（みち）	たずねる	答（こた）える
教（おし）える	上手（じょうず）（な）	実（じつ）は	祖父（そふ）
祖母（そぼ）	日系（にっけい）	名字（みょうじ）	日本名（にほんめい）
飛行機（ひこうき）	経済（けいざい）	両国（りょうこく）	比較（ひかく）
難（むずか）しい	漢字（かんじ）	中級（ちゅうきゅう）	増（ふ）える
時々（ときどき）	泣（な）く	新聞（しんぶん）　読（よ）む	家族（かぞく）
放送（ほうそう）	誘（さそ）う	①居酒屋（いざかや）	下手（へた）
踊（おど）る	汗（あせ）	新（あたら）しい	気持（きも）ち

アメリカ(America)　②ロサンゼルス(Los Angels)

クラスメート(classmate)

③カラオケ・バー(bar)　④ディスコ(disco)

①

②

③

④

れんしゅう

Ⅰ．文型

例文①②のように③の文を完成させなさい。④は自分で考えて作りなさい。

1．～のよう～

①それはわたしの顔が日本人のようだからです。

②あの人は家族のような人です。

③まだ６月ですが、＿＿＿＿＿＿＿＿＿＿＿＿＿＿＿＿＿＿＿＿

④＿＿＿＿＿＿＿＿＿＿＿＿＿＿＿＿＿＿＿＿＿＿＿＿＿＿＿＿

2．～たばかり～

①日本に来たばかりのころから、知らない人に道をたずねられました。

②今、授業が終わったばかりです。

③＿＿＿＿＿＿＿＿＿＿＿＿＿＿＿ たばかりです。ですから、新しいです。

④＿＿＿＿＿＿＿＿＿＿＿＿＿＿＿＿＿＿＿＿＿＿＿＿＿＿＿＿

3．～時には～

①分かる時には、もちろん教えてあげますが、あまり上手にできません。

②外国語を勉強する時には、よいじしょがひつようです。

③＿＿＿＿＿＿＿＿＿＿＿＿＿＿＿＿＿＿＿＿ 時には、ディスコへ行きます。

④＿＿＿＿＿＿＿＿＿＿＿＿＿＿＿＿＿＿＿＿＿＿＿＿＿＿＿＿

4．～のです

①祖母が日系アメリカ人なのです。

②両国の比較をしたいのです。

③富士山は外国人＿＿＿＿＿＿＿＿＿＿＿＿＿＿＿＿＿＿＿＿＿＿

④＿＿＿＿＿＿＿＿＿＿＿＿＿＿＿＿＿＿＿＿＿＿＿＿＿＿＿＿

5．～てあげます

①日本語が分かる時にはもちろん教えてあげます。

②年取った男の人の荷物を持ってあげました。

③国から友達が来たので、＿＿＿＿＿＿＿＿＿＿＿＿＿＿＿＿＿＿

④＿＿＿＿＿＿＿＿＿＿＿＿＿＿＿＿＿＿＿＿＿＿＿＿＿＿＿＿

6．～て／で～（理由）

①わたしは経済の勉強がしたくて、日本へ来ました。

②新しいカメラがほしくて、秋葉原（あきはばら）へ買（か）いに行きました。

③______________________ て（で）、学校を休みました。

④______________________

7．～にとって～

①わたしにとって、一番難しいのは漢字です。

②留学生にとって、一番大切（たいせつ）なのはことばの勉強です。

③わたしにとって、______________________

④______________________

8．なかなか～ません

①新聞もなかなか読めません。

②勉強がいそがしくて、遊びに行くこともなかなかできません。

③日本語は難しいので、______________________

④______________________

9．～うか（な）と思います

①アメリカへ帰ろうかなと思います。

②新しい気持ちで、また勉強を始めようかと思います。

③______________________と思います。

④______________________

10．～ことがあります／～こともあります

①居酒屋で飲（の）むこともあります。

②春休みや夏休みにはアルバイトをすることがあります。

③______________________聞いたことがあります。

④______________________

II．ことばの使い方

1．□の中のことばを一つ選んで、適当な形にして＿＿＿に書きなさい。

①新しい仕事を始めて１年、やっと仕事に＿＿＿＿＿て来た。

②運動して、汗を＿＿＿＿＿あとは、冷たい水がおいしい。

③地方では人口が少なくなっています。

しかし、都市では反対に人が＿＿＿＿＿ています。

増える　　慣れる　　かく

2．次の文を読んで、（　）にひらがなを１字ずつ入れなさい。

①テニスの練習を始めて（　）（　）、今月で３か月（　）なります。

②「すみません。東京駅（　）は、どう行けばいいでしょうか」（　）、若い女の人に道（　）たずねられました。

③わたしは料理（　）作ることが好きです。あまり上手（　）できませんが、時々、友達（　）誘って、ごちそうします。

④大阪から東京まで飛行機（　）２時間ぐらいです。

⑤大学に入ってから、宿題（　）増えました。

⑥日曜日に、友達（　）誘って、ディズニーランドへ行きました。

3．次のことばを使って短文を作りなさい。

①慣れる　＿＿＿＿＿＿＿＿＿＿＿＿＿＿＿＿

②比較　＿＿＿＿＿＿＿＿＿＿＿＿＿＿＿＿

③しっかり　＿＿＿＿＿＿＿＿＿＿＿＿＿＿＿＿

④時々　＿＿＿＿＿＿＿＿＿＿＿＿＿＿＿＿

4．次の説明と同じ意味のことばを□の中から選んで、（　）に書きなさい。

①自分が生まれて大きくなった土地／場所（　　　）

②外国へ行って勉強すること（　　　）

③くらべること（　　　）

④日本人の血を持っている人／こと（　　　）

比較　　日系　　留学　　ふるさと

III．下の質問に答えなさい。

①マリアさんの故郷（こきょう）はどこですか。

②マリアさんはどのくらい日本にいますか。

③今、マリアさんは知らない人に道をたずねられた時、どう答えますか。

④マリアさんはどうして顔が日本人に似ていますか。

⑤マリアさんは国で何の勉強をしていましたか。

⑥マリアさんは日本で何を勉強しようと思っていますか。

⑦マリアさんにとって、日本語の中で一番難しいものは何ですか。

⑧マリアさんがアメリカへ帰りたくなるのはどんな時ですか。

⑨そんな時、マリアさんはどんなことをして気持ちを新しくしますか。

⑩あなたは国へ帰ろうかなと思うことがありますか。

⑪日本語を勉強する時に、何が一番難しいと思いますか。

⑫勉強がなかなか進（すす）まないで苦しい時、どうやって新しい気持ちにして、また勉強を始めますか。

10課　テスト（　）月（　）日　クラス______名前______________

／100

Ⅰ.次の漢字はひらがなで、英語はカタカナで書きなさい。　②×10＝⑳

1．飛行機（　　　　）2．間違（　　　　）える　3．新聞（　　　　）

4．居酒屋（　　　　）5．踊（　　　　）る　6．日系（　　　　）

7．留学生（　　　　）8．中級（　　　　）

9．disco（　　　　）10．bar（　　　　）

Ⅱ.（　）の中にひらがなを１字ずつ入れなさい。　②×10＝⑳

1．祖父（　）日本人で祖母（　）アメリカ人（　）日系アメリカ人です。

2．衛星放送（　）アメリカ（　）テレビを見ます。

3．たくさん踊って汗（　）かく（　）、気持ち（　）いいです。

4．あまり上手（　）できませんが、料理を作ること（　）好きです。

Ⅲ.下からことばを一つ選んで適当な形にして______に書きなさい　③×10＝㉚

1．______の勉強が______て、日本に______しました。

2．______の仕事にやっと______て来ました。

3．道を______られましたが、日本語で______られませんでした。

4．______友達を______て______します。

留学	答える	ごちそう	慣れる	誘う
会社	たずねる	したい	時々	経済

Ⅳ.関係のあるものを□から選んで書きなさい。　②×５＝⑩

1．日本人の血を持っている人／こと　______

2．マリアさんがよく行くところ　______

3．マリアさんのふるさと　______

4．マリアさんの一番難しいもの　______

5．同じクラスの友達　______

クラスメート
ロサンゼルス
ディスコ
日系
漢字

Ⅴ.次のことばを使って短文を作りなさい。　⑩×２＝⑳

1．〜たばかり　______________

2．〜にとって　______________

11課　一泊二日の小旅行*

正月休みに一泊二日の小旅行をしました。会社の同僚5人と一緒にレンタカーでドライブしました。道路がこむと困るので、早朝2時に東京を出発しました。途中で2回、サービス・エリアで休んで、コーヒーを飲んだり、朝食を食べたりしました。6時間くらいで目的地の長野県のスキー場に着きました。この冬は雪があまり降らないのでスキーができるかどうか心配でした。でもゲレンデには雪がたくさんありました。少し休んで、9時ごろから夕方までスキーを楽しみました。昼ごはんもスキー場で食べました。

旅館に帰って、夕食前に温泉に入りました。温泉は初めてでした。あまり広くない風呂場でしたが、明るくてきれいでした。お湯は熱くて、長く入っていられませんでした。でも、出ると寒いので、とび込んだり、あついのでまたとび出たり、忙しかったです。

夕食後、こたつに入って、みんなでトランプをしたり、いろいろな話をして楽しかったです。わたしは日本に来てまだ3か月ですが、日本語は日本へ来る前に、国で4か月勉強しました。日本へ来てからも週に2回ずつ日本語の勉強を続けています。ですから、日常会話なら少しできます。着物をきた小学生ぐらいの男の子と女の子が二人で、わたしたちの部屋をのぞきました。旅館の子どもたちでした。わたしたちは大よろこびで、「どうぞこっちへ入ってください」と言うと、はずかしそうに入って来ました。わたしの日本語でも話ができて、とてもうれしかったです。田舎の人の方が、東京の人より、親しみやすいし、すぐ友達になれると思いました。

二日間の旅行は楽しいことばかりでしたが、帰りは道がこんで10時間ぐらいかかりました。疲れましたが、また行きたいです。

語句と漢字

一泊二日(いっぱくふつか)	旅行(りょこう)	正月休み(しょうがつやす)	会社(かいしゃ)
同僚(どうりょう)	一緒に(いっしょ)	道路(どうろ)	こむ
困る(こま)	早朝(そうちょう)	出発する(しゅっぱつ)	途中で(とちゅう)
～回(かい)	休む(やす)	飲む(の)	朝食(ちょうしょく)
目的地(もくてきち)	長野県(ながのけん)	①スキー場(じょう)	着く(つ)
冬(ふゆ)	雪(ゆき)	降る(ふ)	心配する(しんぱい)
夕方(ゆうがた)	楽しむ(たの)	昼ごはん(ひる)	半日(はんにち)
すべりやすい	旅館(りょかん)	帰る(かえ)	夕食前(ゆうしょくまえ)
②温泉(おんせん)	広い(ひろ)	風呂場(ふろば)	湯(ゆ)
熱い(あつ)	寒い(さむ)	とび込む(こ)	忙しい(いそが)
③こたつ	～か月(げつ)	勉強する(べんきょう)	週に～回ずつ(しゅう・かい)
続ける(つづ)	日常会話(にちじょうかいわ)	着物(きもの)	小学生(しょうがくせい)
男の子(おとこ)	女の子(おんな)	部屋(へや)	④のぞく
大よろこびで(おお)	はずかしい	田舎の人(いなか)	親しみやすい(した)
疲れる(つか)			

レンタカー (rent-a-car)　　ドライブ (drive)

サービス・エリア (service area)

コーヒー (coffee)

ゲレンデ(Ⓕ Gelände)

⑤スキー(ski)

⑥トランプ(trump)

①

②

③

④

⑤

⑥

れんしゅう

Ⅰ．文型

例文①②のように③の文を完成させなさい。④は自分で考えて作りなさい。

1．～に～回～

①週に２回ずつ、日本語の勉強を続けています。

②月に１回は友達とゴルフをしに行きます。

③わたしは週に＿＿＿＿＿＿＿＿＿＿＿＿＿＿＿＿＿＿＿＿

④＿＿＿＿＿＿＿＿＿＿＿＿＿＿＿＿＿＿＿＿＿＿＿＿＿

2．～かどうか心配する／です

①雪が降らないので、スキーができるかどうか心配でした。

②大学に受かるかどうか心配しています。

③あしたいい天気になる＿＿＿＿＿＿＿＿＿＿＿＿＿＿＿＿

④＿＿＿＿＿＿＿＿＿＿＿＿＿＿＿＿＿＿＿＿＿＿＿＿＿

3．～の方が～より

①田舎の人の方が、東京の人より、親しみやすいです。

②旅館のふとんにねる方が、ホテルのベッドにねるより好きです。

③テストの前に一日中勉強するより、毎日少しずつする方が＿＿＿＿＿＿

④＿＿＿＿＿＿＿＿＿＿＿＿＿＿＿＿＿＿＿＿＿＿＿＿＿

Ⅱ．ことばの使い方

1．□の中のことばを一つ選んで、適当な形にして＿＿＿に書きなさい。

①道路が＿＿＿＿＿と困るので、早朝に出発した。

②温泉に入るのは＿＿＿＿＿でした。

③今も、日本語の勉強を＿＿＿＿＿います。

④子どもが二人、わたしたちの部屋を＿＿＿＿＿いました。

⑤子どもは少し＿＿＿＿＿そうに入って来ました。

続く	のぞく	初めて	はずかしい	こむ

2．次の文を読んで、（　）にひらがなを１字ずつ入れなさい。

①正月休み（　）同僚５人（　）一緒（　）、スキーに行きました。

②毎日午前（　）午後に３時間（　）（　）すべりました。

③日本語を６か月勉強した（　）（　）日常会話（　）（　）少し話せます。

3．次の説明（せつめい）と同じ意味のことばを□の中から選んで＿＿＿に書きなさい。

①会社でいっしょに働いている人たち	＿＿＿＿＿
②１日は24時間ですが、その$\frac{1}{2}$の12時間	＿＿＿＿＿
③毎日の生活のための話し方	＿＿＿＿＿
④旅行などで行く先の場所	＿＿＿＿＿
⑤人があまりいない	＿＿＿＿＿

日常会話
同僚
すいている
目的地
半日

4．次のことばを使って短文を作りなさい。

①～やすい　＿＿＿＿＿＿＿＿＿＿＿＿＿＿＿＿

②～ずつ　＿＿＿＿＿＿＿＿＿＿＿＿＿＿＿＿

③すいている　＿＿＿＿＿＿＿＿＿＿＿＿＿＿＿＿

④途中で　＿＿＿＿＿＿＿＿＿＿＿＿＿＿＿＿

⑤困る　＿＿＿＿＿＿＿＿＿＿＿＿＿＿＿＿

III．下の質問に答えなさい。

①冬のスポーツには、どんなものがありますか。

②日本の温泉に入ったことがありますか。（どこで入りましたか。）

③日本でドライブやグループ旅行をしたことがありますか。（いつ、どこへ）

④都会の生活と田舎の生活とどちらの方が好きですか。

⑤都会の生活のいい点は？

⑥田舎の生活のいい点は？

⑦田舎の人の方が話しやすくて、国際的だと思いますか？

けいけんがある人と話し合ってください。

⑧あなたは友達がすぐできますか。

⑨今、日本人の友達が何人ぐらいいますか。

⑩日本の旅行ではどこへ行きたいですか。

11課　テスト（　）月（　）日　クラス＿＿＿＿名前＿＿＿＿＿＿＿＿＿＿

／100

Ⅰ.次の漢字をひらがなで、英語をカタカナで書きなさい。　②×10＝⑳

1．温泉（　　　　　）2．日常（　　　　　）3．旅館（　　　　　）

4．二泊三日（　　　　　）5．田舎（　　　　　）6．連休（　　　　　）

7．忙（　　　　　）しい　8．風呂場（　　　　　）

9．drive（　　　　　）10．rent-a-car（　　　　　）

Ⅱ．（　）の中にひらがなを１字ずつ入れなさい。　②×10＝⑳

1，わたしは日本（　）来てから、（　）（　）3か月（　）ので、ことばがよくわかりません（　）、日常会話（　）（　）少しわかります。

2．道路は（　）（　）（　）こんでいなかったので、5時間ぐらい（　）、目的地（　）ついて、暗（　）なるまで、スキー（　）楽しみました。

Ⅲ.次の文の＿＿＿＿に動詞を適当な形にして入れなさい。　④×5＝⑳

1．ゴールデンウィークに三泊四日の旅行を＿＿＿＿＿＿＿＿＿＿

2．とてもあつい日だったので、プールに＿＿＿＿＿＿＿およぎまわりました。

3．今でも週に3回ずつ日本語の勉強を＿＿＿＿＿＿＿＿＿＿

4．こたつに＿＿＿＿＿＿トランプを＿＿＿＿＿＿おさけをのんだりしました。

Ⅳ.次の文を完成しなさい。　④×5＝⑳

1．田舎の生活より東京の生活のほうが＿＿＿＿＿＿＿＿＿＿

2．小さい地震があったので、新幹線が止まった＿＿＿＿＿＿＿＿＿＿

3．この学校では1週間に＿＿＿＿＿＿＿＿＿＿

4．日本語は日本に来る前に＿＿＿＿＿＿＿＿＿＿

5．＿＿＿＿＿＿＿＿＿＿＿＿とてもうれしかったです。

Ⅴ.下の質問に答えなさい。　⑩×2＝⑳

1．健康のために毎日どんな運動をしていますか。

＿＿＿＿＿＿＿＿＿＿＿＿＿＿＿＿＿＿＿＿

2．ゲレンデは何をするところですか。

＿＿＿＿＿＿＿＿＿＿＿＿＿＿＿＿＿＿＿＿

12課　犬好きになったわたし＊

わたしは半年前に中国の杭州から来た留学生です。名前はインです。わたしは今、保証人のすずきさんの家に住んでいます。その家には茶々という名の犬がいて、家族の一員です。

わたしは小さい時に、近所の大きくてこわい犬においかけられたり、ほえられたりして、すっかり犬ぎらいになりました。初めてすずきさんの家に来た時、１ぴきの茶いろい犬がわたしを見てそばに来ました。わたしは手を出して頭をなでましたが、本当はこわくて、心の中では「ああ、こまった」と思いました。この犬が茶々でした。

わたしは、はじめの１か月ぐらいは、日本語がぜんぜんできませんでした。たとえば食事の時、お母さんは家族のみんなに「ごはんですよ」と言います。すると、茶々はすぐにテーブルのところへとんで行きます。でも、わたしは日本語がよくわからなかったので、いつも茶々のあとについて行きました。まどの外でおもしろいことがある時、だれかが「ほら、見てごらん」と言うと、茶々はすぐにまどのところへ行きます。わたしはまた茶々のあとについて行きます。このように最初のうちは、茶々のほうがわたしよりも日本語がよくわかりました。茶々はわたしの日本語の先輩でした。

毎日、日本語を一生けんめい勉強して３か月ぐらいたったころには、日本人の友達といろいろな話もできるようになりました。そして茶々よりも日本語がわかるようになりました。けれどわたしの日本語の発音はまだ上手ではありません。家の人はわかってくれますが、茶々はわかりません。「おいで」と言っても茶々は来ません。「ちょっと見てごらん」と言っても見ません。「散歩に行こう」と言っても、ふりむいてくれません。だから、いっしょに散歩することもできません。わたしの発音が家の人とちがうからです。それが大変ざんねんでした。それで、わたしはテープをたくさん聞いて練習しました。そして、はじめて茶々がわたしの「おいで」を聞いて、わたしのところへ来てくれた時は、本当にうれしくなりました。わたしの日本語がやっと茶々につうじたからです。

今は、わたしは日本の生活にだいぶなれました。茶々はもう、わたしの日本語が大体わかりますから、毎日いっしょに散歩します。わたしの日本語の先輩、茶々のおかげで日本語も上手になったし、犬がこわくなくなって、犬が好きになりました。今度、わたしは茶々に中国語を教えようと思います。そして、中国語と日本語と、二つのことばのわかる犬にするつもりです。

（ホン・イン〈中国〉）

語句と漢字

犬好(いぬず)き	半年前(はんとしまえ)	中国(ちゅうごく)	杭州(こうしゅう)
①留学生(りゅうがくせい)	保証人(ほしょうにん)	家(いえ)	住(す)む
茶々(ちゃちゃ)	家族(かぞく)	一員(いちいん)	近所(きんじょ)
こわい	おいかける	ほえる	②犬ぎらい
初(はじ)めて	そば	頭(あたま)	なでる
本当(ほんとう)	心(こころ)	ああ	こまる
思(おも)う	～か月(げつ)	ぜんぜん	たとえば
食事(しょくじ)	みんな	ごはん	すぐ
③とんで行く	わかる	つく	まど
外(そと)	おもしろい	ほら	ごらん
最初(さいしょ)	先輩(せんぱい)	一生(いっしょう)けんめい	たつ
いろいろ(な)	たくさん	けれども	発音(はつおん)
上手(じょうず)(な)	おいで	ちょっと	ちがう
散歩(さんぽ)	④ふりむく	大変(たいへん)	ざんねん(な)
練習(れんしゅう)	⑤うれしい	やっと	つうじる
だいぶ	大体(だいたい)	いっしょ	おかげ
好(す)き(な)	今度(こんど)	中国語(ちゅうごくご)	教(おし)える

テーブル (table)　テープ (tape)

①

②

③

④

⑤

れんしゅう

Ⅰ．文型

例文①②のように③の文を完成させなさい。④は自分で考えて作りなさい。

1．～という～

①その家には茶々という名の犬がいて、家族の一員です。

②わたしの家は大森(おおもり)という駅(えき)の近くにあります。

③本屋(ほんや)さんで、「日本語の文法(ぶんぽう)」という ＿＿＿＿＿＿＿＿＿＿＿＿＿＿＿＿

④＿＿＿＿＿＿＿＿＿＿＿＿＿＿＿＿＿＿＿＿＿＿＿＿＿＿＿＿

2．～(の) 時

①はじめて保証人の家に来た時、犬が私を見てそばに来ました。

②食事の時、お母さんは「ごはんですよ」と言います。

③かぜをひいて、頭(あたま)がいたい時 ＿＿＿＿＿＿＿＿＿＿＿＿＿＿＿＿＿＿

④＿＿＿＿＿＿＿＿＿＿＿＿＿＿＿＿＿＿＿＿＿＿＿＿＿＿＿＿

3．～から～

①わたしの日本語がやっと茶々につうじたからです。

②英語が話せるようになったから、アメリカへ旅行したいと思います。

③寒いから＿＿＿＿＿＿＿＿＿＿＿＿＿＿＿＿＿＿＿＿＿＿＿＿＿

④＿＿＿＿＿＿＿＿＿＿＿＿＿＿＿＿＿＿＿＿＿＿＿＿＿＿＿＿

4．～のおかげで～

①茶々のおかげで日本語が上手になりました。

②日本にいる友達のおかげで、日本へ留学することができました。

③学校の先生のおかげで ＿＿＿＿＿＿＿＿＿＿＿＿＿＿＿＿＿＿＿＿

④＿＿＿＿＿＿＿＿＿＿＿＿＿＿＿＿＿＿＿＿＿＿＿＿＿＿＿＿

5．～も～し、～

①茶々のおかげで日本語も上手になったし、犬がこわくなくなりました。

②わたしの友達は中国語も話すし、英語(えいご)も話します。

③日曜日(にちようび)には、買いものもしたいし、＿＿＿＿＿＿＿＿＿＿＿＿＿＿＿＿

④＿＿＿＿＿＿＿＿＿＿＿＿＿＿＿＿＿＿＿＿＿＿＿＿＿＿＿＿

II．ことばの使い方

1．［　］の中のことばを一つ選んで、適当な形にして＿＿＿に書きなさい。

①わたしは飛行機がきらいです。高いところが＿＿＿＿＿＿のです。

②日本へ来たばかりの時は、日本語が＿＿＿＿＿＿わかりませんでした。

③日本語を勉強して、6か月ぐらいたったころ、テレビの日本語が、よく＿＿＿＿＿＿ようになりました。

④わたしは家族といっしょに、東京に＿＿＿＿＿＿でいます。

⑤かんじのテストで100てんをとりました。とても＿＿＿＿＿＿たです。

⑥私はテニスが好きですが、あまり＿＿＿＿＿＿ではありません。

⑦保証人が毎日、わたしに日本語を＿＿＿＿＿＿てくれたので、今ではわたしの日本語も、日本人に＿＿＿＿＿＿ます。

⑧日本へ来る前に、日本のことを書いた本を＿＿＿＿＿＿読みました。しかし、わたしがかんがえていた日本と、本当の日本は＿＿＿＿＿＿ていました。

教える	たくさん	こわい	うれしい	ちがう	上手
つうじる	わかる	住む	ぜんぜん		

2．次の文を読んで、（　）にひらがなを1字ずつ入れなさい。

①わたしは2年前（　）アメリカ（　）（　）来た留学生です。

②日本へ来る時、父といっしょ（　）来ました。

③友達とうみへおよぎ（　）行きました。わたしは上手（　）およげないので、最初（　）うちは、友達（　）あと（　）ついておよぎました。

④一生けんめい勉強して、日本語（　）わかるよう（　）なりました。

⑤会社に入って、はじめ（　）1か月は、何もわかりませんでしたが、今ではだいぶしごと（　）なれてきました。

⑥朝は家族のみんな（　）、「おはようございます」（　）言います。

⑦わたしの子どもは、しょうらい、いしゃ（　）なるつもりだと言っています。

3．次のことばを使って短文を作りなさい。

①たとえば ____________________

②はじめて ____________________

③こまる ____________________

④やっと ____________________

⑤大体 ____________________

III．下の質問に答えなさい。

①インさんは、どこから来ましたか。

②今、どこに住んでいますか。

③「茶々」は何の名まえですか。

④はじめて保証人の家に来て、犬がそばに来た時、インさんは、どうして心の中で「ああ、こまった」と思ったのですか。

⑤はじめの１か月ぐらい、日本語がわからなかったインさんは、どうして家族の人の話がわかるようになりましたか。

⑥日本語を勉強して３か月ぐらいたって、インさんも日本語がはなせるようになりましたが、どうして茶々はインさんの日本語がわからなかったのですか。

⑦インさんはどうやって発音の練習をしましたか。

⑧茶々がインさんのことばを聞いて、インさんのところへ来た時、インさんはどうしてうれしかったのですか。

⑨茶々がインさんの日本語がわかるようになった時、犬ぎらいだったインさんは、どうかわりましたか。

⑩今度、インさんは茶々に何を教えようと思っていますか。

⑪インさんは、茶々をどんな犬にするつもりですか。

⑫この話を読んだ感想（かんそう）を言ってください。

12課　テスト（　）月（　）日　クラス＿＿＿名前＿＿＿＿＿＿＿

／100

Ⅰ．次の漢字をひらがなで、英語をカナカタで書きなさい。　②×10＝⑳

1．保証人（　　　　　）2．食事（　　　　　）3．頭（　　　　　）

4．練習（　　　　　）5．発音（　　　　　）6．先輩（　　　　　）

7．近所（　　　　　）8．最初（　　　　　）

9．tape（　　　　　）10．table（　　　　　）

Ⅱ．（　）の中にひらがなを１字ずつ入れなさい。　②×10＝⑳

1．すずきさんの家には、茶々（　）いう名（　）犬がいて家族の一員です。

2．食事の時、お母さんは家族のみんな（　）「ごはんです（　）」と言います。

3．その犬は「散歩に行こう」と言って（　）、「おいで」と言って（　）来ません。

4．茶々（　）おかげ（　）、日本語（　）上手（　）なりました。

Ⅲ．下からことばを一つ選んで＿＿＿＿に書きなさい。　④×５＝⑳

1．やっと東京の生活に＿＿＿＿日本語が＿＿＿＿つうじるようになった。

2．日本にいる友達の＿＿＿＿、日本へ留学することができました。

3．初めて、わたしの発音が茶々につうじた時は＿＿＿＿うれしくなった。

4．わたしはその犬の頭をなでましたが＿＿＿＿「こわいなあ」と思った。

〔なれて　心の中では　本当に　最初　近所　おかげで　だいぶ　今度〕

Ⅳ．次の文を完成しなさい。　⑤×４＝⑳

1．食事の時、お母さんは＿＿＿＿＿＿＿＿＿＿＿＿＿＿＿＿

2．わたしは＿＿＿＿前に＿＿＿＿から＿＿＿＿留学生です。

3．本屋さんで、『日本語の文法』という＿＿＿＿＿＿＿＿＿＿＿＿

4．きょうはとても寒いから＿＿＿＿＿＿＿＿＿＿＿＿＿＿＿＿

Ⅴ．次の質問に答えなさい。　⑩×２＝⑳

1．あなたは家族の一員としてどんなペットをかいたいですか。

＿＿＿＿＿＿＿＿＿＿＿＿＿＿＿＿＿＿＿＿＿＿＿＿＿＿＿＿

2．はじめての日本人の友達と、どこで会いましたか。

＿＿＿＿＿＿＿＿＿＿＿＿＿＿＿＿＿＿＿＿＿＿＿＿＿＿＿＿

13課　お風呂屋さん*

日本人は「きれい好き」だと言われています。また「風呂好き」だとも言われています。たしかに若い人の間では「朝シャン」族と呼ばれ、毎朝かならずかみを洗う人が多いです。これは少し洗いすぎかも知れません。入浴についても厚生省の調べによると内風呂（自分の家にある風呂）がある人の中で、ほとんど毎日風呂に入ると答えた人が約50%、１日おきに入る人がおよそ30%、残りの20%ぐらいが、二、三日おきに入るそうです。外のお風呂屋さん（別名銭湯）へ行く人たちの中では、週に２度行く人が最も多いそうです。

お風呂と言えば、日本人の入るお風呂の平均温度は40度から42度くらいで、人によっては45度でもぬるいと言う人さえいます。けれどもあまり熱すぎるお風呂は、からだによくありません。ほかの国々では大体38度くらいだそうです。ですから外国から来た人は、みんな日本のお風呂はあつすぎると言います。

このごろは、お風呂屋さんの数がだんだん少なくなりました。風呂付きでないアパートの人は困ります。それに内風呂のある人でも、お風呂屋さんへ行きたい人も少なくありません。サウナ、泡風呂、薬湯、季節によって特別なお風呂や朝風呂もあります。１年中早朝４時から開いているお風呂屋さんもあるそうですが、これは大変珍しいです。

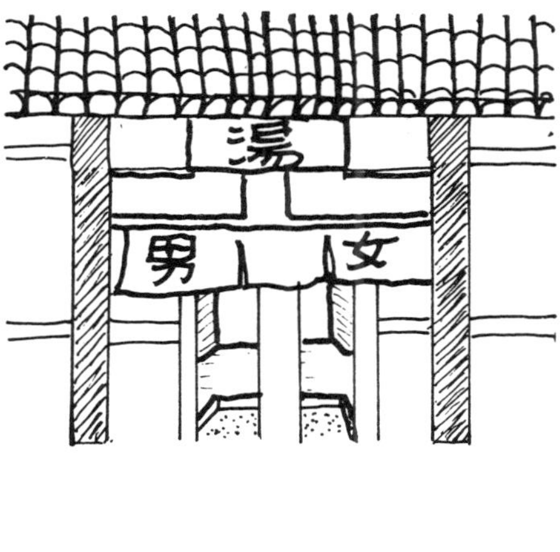

お風呂屋さんはからだを洗うだけのところではなくて、昔から人と人との交流の場でした。このごろは、外国人もちらほら見えて、お風呂屋さんも国際的になってきました。

語句と漢字

風呂屋(ふろや)	きれい好き(ずき)(な)	たしかに	朝(あさ)シャン族(ぞく)
呼ぶ(よぶ)	毎朝(まいあさ)	かならず	洗う(あらう)
多い(おおい)	入浴(にゅうよく)	厚生省(こうせいしょう)	調べ(しらべ)
①内風呂(うちぶろ)	ほとんど	答える(こたえる)	約(やく)～%
～おきに	およそ	残り(のこり)	別名(べつめい)
②銭湯(せんとう)	人の中(ひとのなか)	週に２度(しゅうにど)	平均(へいきん)
温度(おんど)	ほかの国々(くにぐに)	ぬるい	～さえ
大体(だいたい)	このごろ	数(かず)	だんだん
～付き(つき)	困る(こまる)	その上(うえ)	少ない(すくない)
泡風呂(あわぶろ)	薬湯(くすりゆ)	季節(きせつ)	特別(とくべつ)(な)
朝風呂(あさぶろ)	１年中(ねんじゅう)	早朝(そうちょう)	大変(たいへん)
珍しい(めずらしい)	交流の場(こうりゅうのば)	外国人(がいこくじん)	ちらほら
国際的(こくさいてき)			

③朝シャン (shampoo)　④サウナ (sauna)

①

②

③

④
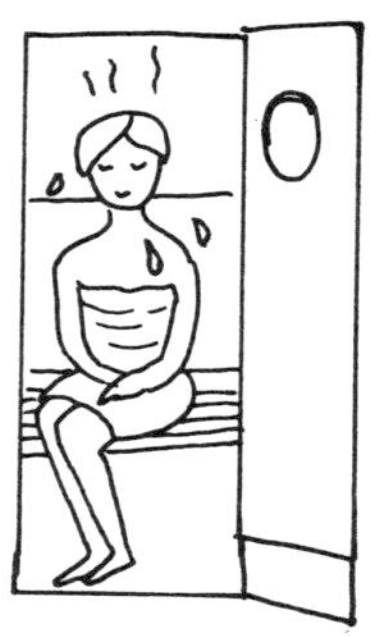

れんしゅう

Ⅰ．文型

例文①②のように③の文を完成させなさい。④は自分で考えて作りなさい。

1．～の間では

①若い人の間では、朝シャンがはやっています。

②女性社員の間では、あの店は人気があります。

③学生たちの間では、＿＿＿＿＿＿＿＿＿＿＿＿＿＿＿＿

④＿＿＿＿＿＿＿＿＿＿＿＿＿＿＿＿＿＿＿＿＿＿＿＿

2．～かも知れません

①毎日の朝シャンは、少し洗いすぎかも知れません。

②あの人は、あまりお風呂が好きではないかも知れません。

③今度のテストは、＿＿＿＿＿＿＿＿＿＿＿＿＿＿＿＿

④＿＿＿＿＿＿＿＿＿＿＿＿＿＿＿＿＿＿＿＿＿＿＿＿

3．～によって(は)

①人によっては、45度でもぬるいと言います。

②季節によって、山の色がかわります。

③毎日の勉強のしかたによって、＿＿＿＿＿＿＿＿＿＿＿＿

④＿＿＿＿＿＿＿＿＿＿＿＿＿＿＿＿＿＿＿＿＿＿＿＿

4．～さえ～

①人によっては45度でもぬるいと言う人さえいます。

②英語はにが手です。かんたんなことばさえわかりません。

③東京でさえ寒(さむ)いのだから＿＿＿＿＿＿＿＿＿＿＿＿＿＿

④＿＿＿＿＿＿＿＿＿＿＿＿＿＿＿＿＿＿＿＿＿＿＿＿

5．～おき(に)

①一日おきに入浴する人がおよそ30%、三日おきの人が20%だそうです。

②毎週スポーツをしたいのですが、いそがしいので、1週間おきに泳ぎます。

③漢字のテストは＿＿＿＿＿＿＿＿＿＿＿＿＿＿＿＿＿＿

④＿＿＿＿＿＿＿＿＿＿＿＿＿＿＿＿＿＿＿＿＿＿＿＿

II．ことばの使い方

1．□の中のことばを一つ選んで、適当な形にして＿＿＿に書きなさい。

①日本人は＿＿＿＿＿だと言われています。

②このごろ、お風呂屋さんの数が＿＿＿＿＿少なくなりました。

③＿＿＿＿＿がありますが、銭湯に行って、大きいお風呂に入りたいです。

④銭湯にも外国人が＿＿＿＿＿見えて、＿＿＿＿＿な交流があります。

⑤出かける前に＿＿＿＿＿ガスやでんきをけして、かぎをかけてください。

だんだん　　きれい好き　　かならず　　内風呂　　国際的な　　ちらほら

2．次の文を読んで、（　）にひらがなを１字ずつ入れなさい。

①日本人は、きれい好き（　）と言われています。

②若い人の間（　）（　）朝シャンが、はやっています。

③早朝から、朝風呂に行く人もある（　）（　）です。

④このごろ、ちこくする学生が少（　）くなってきました。

⑤人（　）よって、ちょうどいいお湯の温度がちがいます。

3．次のことばを使って短文を作りなさい。

①～好き　＿＿＿＿＿＿＿＿＿＿＿＿＿＿＿＿＿＿＿＿

②～にくい　＿＿＿＿＿＿＿＿＿＿＿＿＿＿＿＿＿＿＿＿

③およそ　＿＿＿＿＿＿＿＿＿＿＿＿＿＿＿＿＿＿＿＿

④だんだん　＿＿＿＿＿＿＿＿＿＿＿＿＿＿＿＿＿＿＿＿

⑤～付（つ）き　＿＿＿＿＿＿＿＿＿＿＿＿＿＿＿＿＿＿＿＿

III．下の質問に答えなさい。

①あなたは、１週間に何回ぐらい、シャンプーをしますか。

②「朝シャン」は、どういう意味ですか。

③あなたは内風呂と銭湯とどちらが好きですか。

④銭湯での交流をどう思いますか。

⑤あなたはあつい湯とぬるい湯とどちらが好きですか。

⑥内風呂と銭湯のいい点、悪い点を二つずつあげてください。

13課　テスト（　）月（　）日　クラス＿＿＿名前＿＿＿＿＿＿＿＿

／100

Ⅰ.次の漢字をひらがなで書きなさい。　②×10＝⑳

1．風呂（　　　　　）　2．平均温度（　　　　　）　3．数（　　　　　）

4．銭湯（　　　　　）　5．薬湯（　　　　　）　6．調（　　　　　）べ

7．珍（　　　　　）しい　8．呼（　　　　　）ぶ　9．早朝（　　　　　）

10．朝（　　　）シャン族（　　　）

Ⅱ.（　）の中にひらがなを 1 字ずつ入れなさい。　②×10＝⑳

1．子どもたちの間（　）（　）、テレビゲーム（　）はやっています。

2．週（　）2度、お風呂へ行く人が最も多い（　）（　）です。

3．風呂のないアパートの人（　）困ります。

4．お風呂屋さんは昔から人（　）人（　）（　）交流の場でした。

5．この大学も外国人の学生（　）ふえて、国際的（　）なってきました。

6．子どもの数がだんだん少（　）（　）なっています。

Ⅲ.下からことばを一つ選んで適当な形にして＿＿＿＿に書きなさい。　⑤×６＝㉚

1．外国へ行く時は＿＿＿＿＿パスポートを持って行ってください。

2．昔は＿＿＿＿＿でないアパートが多く、人々は＿＿＿＿＿へ行きました。

3．私の母は大変＿＿＿＿＿で、毎日２回、そうじをします。

4．11月に入って＿＿＿＿＿寒くなると、あついお風呂に入りたくなります。

5．日本に長い間住んでいても、日本人と＿＿＿＿＿しない外国人も多いです。

〔交流　きれい好き　かならず　銭湯　だんだん　風呂付き〕

Ⅳ.次の文を完成しなさい。　⑤×２＝⑩

1．日本では季節によって＿＿＿＿＿＿＿＿＿＿＿＿＿＿＿＿＿＿＿＿

2．学校は勉強するだけのところではなくて＿＿＿＿＿＿＿＿＿＿＿＿＿＿

Ⅴ.質問に答えなさい。　⑩×２＝⑳

1．「朝シャン」はどういう意味ですか。

＿＿＿＿＿＿＿＿＿＿＿＿＿＿＿＿＿＿＿＿＿＿＿＿＿＿＿＿＿＿

2．自分の家にある風呂のことを何と言いますか。

＿＿＿＿＿＿＿＿＿＿＿＿＿＿＿＿＿＿＿＿＿＿＿＿＿＿＿＿＿＿

14課　東京の生活*

わたしは大学できかい工学を専攻しました。卒業後、仕事につくために、いろいろな面接を受けました。わたしは前から日本に深い関心があったし、日本のレベルの高い技術をおぼえたかったので、日本の会社にきめました。わたしの国はイギリスのとなりにあるアイルランドです。面積は大体日本の半分で、人口は350万人です。

ほかの国の都市と東京を比べると大きな違いがあります。東京の特徴の一つはまずその大きさです。面積はわたしの国の首都の３倍ですが、人口は15倍です。どこへ行っても、いつでも、すごくこんでいるので、生活がしにくいです。それで、わたしはもう１年も東京の郊外に住んでいますが、まだ東京の生活に慣れたとは言えません。特にわたしは人ごみが大きらいなので、朝の通勤電車に乗ることも苦痛です。

もう一つの特徴は東京の生活費が世界で一番か二番に高いことです。具体的に言うと、国の生活費の３倍以上ですから、月給では足りない月が時々あります。東京の家賃、牛肉、きっさ店のコーヒー、ゴルフの費用などにはおどろかされました。

それから東京の人の仕事、生活の忙しさにおどろきます。レジャーの時でさえ、のんびりできないスケジュールです。早朝からあちこちを見物したり買物したりします。有名なところは人でいっぱいです。人と違った休日の過ごし方を考えてもいいのではないでしょうか。

東京の生活にもよい点がたくさんあります。一番うれしいのは東京ではカラオケバー、レストラン、ディスコ、きっさ店などがたくさんあって、楽しめることです。デパートをはじめいろいろな店には品物も豊富にあって、店員もしんせつです。特にわたしがよく行くのは六本木・原宿・新宿などです。　　（フィリップ・アーヴァンソン〈アイルランド〉）

ランチタイム
てんぷら定食
700円
A定食800円
そば

語句と漢字

東京（とうきょう）　生活（せいかつ）　大学（だいがく）　工学（こうがく）

専攻（せんこう）　卒業後（そつぎょうご）　仕事（しごと）　①面接（めんせつ）

受（う）ける　思（おも）う　会社（かいしゃ）　理由（りゆう）

関心（かんしん）　高（たか）い　技術（ぎじゅつ）　面積（めんせき）

大体（だいたい）　半分（はんぶん）　人口（じんこう）　～万人（まんにん）

ほかの　首都（しゅと）　比（くら）べる　違（ちが）い

住（す）む　慣（な）れる　特徴（とくちょう）　～倍（ばい）

すごい　②こむ　～にくい　特（とく）に

郊外（こうがい）　人（ひと）ごみ　大（だい）きらい　通勤電車（つうきんでんしゃ）

乗（の）る　苦痛（くつう）　生活費（せいかつひ）　世界（せかい）

具体的（ぐたいてき）　～以上（いじょう）　月給（げっきゅう）　足（た）りる

時々（ときどき）　家賃（やちん）　牛肉（ぎゅうにく）　きっさ店（てん）

費用（ひよう）　おどろく　忙（いそが）しさ　楽（たの）しむ

～さえ　早朝（そうちょう）　見物（けんぶつ）する　のんびりする

カラオケ　～をはじめ　品物（しなもの）　店員（てんいん）

六本木（ろっぽんぎ）　原宿（はらじゅく）　新宿（しんじゅく）

レベル (level)　イギリス (England)

③アイルランド (Ireland)　コーヒー (coffee)

④ゴルフ (golf)　スケジュール (schedule)

レジャー (leisure)　バー (bar)

レストラン (restaurant)　ディスコ (disco)

①

②

③

④

れんしゅう

Ⅰ．文型

例文①②のように③の文を完成させなさい。④は自分で考えて作りなさい。

1．（疑問詞）ても／でも～

①東京はどこへ行っても、こんでいます。

②このごろは、何時に乗っても、電車がこんでいるのはなぜでしょうか。

③あの学生は、＿＿＿＿＿＿＿＿＿＿＿＿＿＿＿＿

④＿＿＿＿＿＿＿＿＿＿＿＿＿＿＿＿＿＿＿＿＿＿

2．～とは言えません

①東京はあまり住みやすいところとは言えません。

②日本語の漢字の読み方はむずかしいですが、はつおんもやさしいとは言えません。

③日本の住まいは、せまくて＿＿＿＿＿＿＿＿＿＿＿＿

④＿＿＿＿＿＿＿＿＿＿＿＿＿＿＿＿＿＿＿＿＿＿

Ⅱ．ことばの使い方

1．□の中のことばを一つ選んで＿＿に書きなさい。

①わたしは大学で、きかい工学を＿＿＿＿しました。

②面積はわたしの国の＿＿＿＿ですが＿＿＿＿は1.5倍です。

③朝の通勤電車に乗ることも＿＿＿＿です。

④わたしは＿＿＿＿が大きらいです。

⑤デパートは品物が＿＿＿＿で店員も＿＿＿＿です。

人口	3倍
面積	面接
特徴	足りる
人ごみ	
苦痛	専攻
豊富	親切

2．次の文を読んで、（　）にひらがなを1字ずつ入れなさい。

①私の国（　）イギリスのとなり（　）あるアイルランドです。

②ニューヨーク（　）東京（　）比べる（　）、大きな違い（　）あります。

③東京の生活費は、世界（　）、二番目（　）高いです。

④えき前には、デパート（　）はじめ、いろいろ（　）店があります。

3．次の説明と同じ意味のことばを□の中から選んで、＿＿＿に書きなさい。

①働いているところから毎月もらうお金　＿＿＿＿

②アパートやへやをかりるお金　＿＿＿＿

③毎日会社へ行くために乗るもの　＿＿＿＿

④必要なお金　＿＿＿＿

⑤ゆっくり休むこと　＿＿＿＿

郊外	通勤電車
特徴	のんびりする
費用	きょう味
専攻	面接
月給	家賃

4．次のことばを使って短文を作りなさい。

①大体　＿＿＿＿＿＿＿＿＿＿＿＿

②慣れる　＿＿＿＿＿＿＿＿＿＿＿＿

③～倍　＿＿＿＿＿＿＿＿＿＿＿＿

④～さえ　＿＿＿＿＿＿＿＿＿＿＿＿

⑤～以上　＿＿＿＿＿＿＿＿＿＿＿＿

III．下の質問に答えなさい。

①この話を書いた人は、何がきらいですか。

②東京は何でも高いですが、特にどんなものが高くておどろきますか。

③あなたの国の生活費はどのぐらいですか。

④東京の生活のいい点は何ですか。

⑤あなたの国の一番大きな都市の特徴を話してください。

⑥あなたは休みをどう過ごしますか。

14課　テスト（　）月（　）日　クラス＿＿＿＿　名前＿＿＿＿＿＿＿＿＿＿

／100

Ⅰ.次の漢字をひらがなで、英語をカタカナで書きなさい。　②×10＝⑳

1．特徴（　　　　　）　2．郊外（　　　　　）　3．面接（　　　　　）

4．牛肉（　　　　　）　5．首都（　　　　　）　6．半分（　　　　　）

7．Ireland（　　　　　　　）　8．England（　　　　　　　）

9．golf（　　　　　　　）　10．schedule（　　　　　　　）

Ⅱ.（　）の中にひらがなを 1 字ずつ入れなさい。　②×10＝⑳

1．わたしは大学（　）きかい工学（　）専攻しました。

2．東京の生活費（　）、世界（　）一番（　）二番（　）高いです。

3．東京（　）ニューヨーク（　）比べる（　）大きな違い（　）があります。

Ⅲ.下からことばを一つ選んで＿＿＿＿＿に書きなさい。　③×7＝㉑

1．面積はわたしの国の＿＿＿＿＿ですが＿＿＿＿＿は 4 倍です。

2．月給では＿＿＿＿＿月が時々あります。

3．デパートは品物が＿＿＿＿＿で店員も＿＿＿＿＿です。

4．＿＿＿＿＿の人の仕事、生活の＿＿＿＿＿におどろきます。

〔しんせつ　忙しさ　人口　足りない　豊富　7倍　東京〕

Ⅳ.次の説明と同じ意味のことばを［　］から選んで書きなさい。　②×4＝⑧

1．歌ったり、お酒を飲んだりするところ　＿＿＿＿＿

2．働いているところから毎月もらうお金　＿＿＿＿＿

3．毎日会社へ行くために乗るもの　＿＿＿＿＿

4．アパートやへやをかりるお金　＿＿＿＿＿

［生活費　ディスコ　通勤電車　家賃　カラオケバー　月給］

Ⅴ.次のことばを使って短文を作りなさい。　⑦×3＝㉑

1．東京はどこへ行っても＿＿＿＿＿＿＿＿＿＿＿＿＿＿＿

2．～さえ　＿＿＿＿＿＿＿＿＿＿＿＿＿＿＿

3．～以上　＿＿＿＿＿＿＿＿＿＿＿＿＿＿＿

Ⅵ.東京の生活のいい点と悪い点を書いてください。　⑩

＿＿＿＿＿＿＿＿＿＿＿＿＿＿＿＿＿＿＿＿

＿＿＿＿＿＿＿＿＿＿＿＿＿＿＿＿＿＿＿＿

15課　曜日の話*

神がこの世界をつくった時、1日目は、光と昼と夜をつくりました。2日目には大空をつくりました。3日目には陸と海をつくりました。陸には草や木をしげらせました。4日目には海に魚を、陸に鳥をつくりました。5日目にはけものをつくりました。6日目には人間をつくりました。7日目、神はすっかり疲れて1日ゆっくり休みました。これはキリスト教の「旧約聖書」の創世記に書かれている伝説です。これにもとづいて1週間の最後の日を日曜日にしたと言われています。

ローマ時代には、宗教上、日曜日を「主の日」として休息の日と決めました。ほかの6日間は今、私たちが使っている「月火水木金土」と名づけられました。これは月と、ギリシア神話の神たちの火星、水星、木星、金星、土星の惑星の名前からつけられました。

日本では明治新政府が曜日を取り入れました。しかし、初め、政府はキリスト教を禁止していたので、曜日制を使いたがりませんでした。それで休日を一の日と六の日にしました。しかし、そのころ政府にやとわれていた大学の外国人教師たちが、日曜日の休日を要求したので、政府は日曜日を休日とするようになりました。明治9年（1876年）には学校だけでなく、国や県などの官庁も日曜日は休日、土曜日は12時までで、午後は休みとなりました。

ヨーロッパを旅行すると、日曜日は全部の店が休みで買い物ができなくて困る、ということがあります。そういう国では日曜日に働くことは悪い事なのです。しかし日本はキリスト教国ではないので、日曜日も開店しているところがたくさんあります。むしろ日本の商店やデパートにとっては日曜日は客がたくさん来るので、店を開けておきたい日なのです。ですから、ほとんどがほかの曜日を休日にしています。

語句と漢字

曜日（ようび）	神（かみ）	世界（せかい）	つくる
～日目（にちめ）	光（ひかり）	①昼（ひる）	②夜（よる）
大空（おおぞら）	③陸（りく）	④海（うみ）	草（くさ）
しげる	魚（さかな）	鳥（とり）	⑤けもの
人間（にんげん）	すっかり	疲れる（つか）	ゆっくり
休む（やす）	～教（きょう）	旧約聖書（きゅうやくせいしょ）	創世記（そうせいき）
伝説（でんせつ）	もとづく	最後（さいご）	～時代（じだい）
宗教上（しゅうきょうじょう）	主の日（しゅ ひ）	休息（きゅうそく）	決める（き）
使う（つか）	名づける（な）	神話（しんわ）	火星（かせい）
水星（すいせい）	木星（もくせい）	金星（きんせい）	土星（どせい）
惑星（わくせい）	明治（めいじ）	新政府（しんせいふ）	取り入れる（と い）
初め（はじ）	禁止する（きんし）	曜日制（ようびせい）	休日（きゅうじつ）
やとう	外国人（がいこくじん）	教師（きょうし）	要求（ようきゅう）(する)
県（けん）	官庁（かんちょう）	旅行する（りょこう）	全部（ぜんぶ）
店（みせ）	買い物（か もの）	困る（こま）	働く（はたら）
悪い（わる）	～教国（きょうこく）	開店（かいてん）	むしろ
商店（しょうてん）	開ける（あ）	ほとんど	

キリスト(Christ)

⑥⑦ ローマ(Rome)　　ギリシア(Greece)

① ②

③ ④

⑤

⑥⑦

れんしゅう

Ｉ．文型

例文①②のように③の文を完成させなさい。④は自分で考えて作りなさい。

１．～にもとづいて

①この伝説にもとづいて、７日目を日曜日にしたと言われています。

②テストの成績にもとづいて、進学する大学を決めます。

③学校の中ではきまりにもとづいて、＿＿＿＿＿＿＿＿＿＿＿＿

④＿＿＿＿＿＿＿＿＿＿＿＿＿＿＿＿＿＿＿＿＿＿＿＿

２．～たがります（たがりません）

①初め、明治新政府は曜日制を使いたがりませんでした。

②外国から来た友だちは東京の祭りを見たがりました。

③子どもは＿＿＿＿＿＿＿＿＿＿＿＿＿＿＿＿＿＿＿＿

④＿＿＿＿＿＿＿＿＿＿＿＿＿＿＿＿＿＿＿＿＿＿＿＿

３．～を～にします

①休日の日を一の日と六の日にしました。

②ほとんどがほかの曜日を休日にしています。

③この商店街では、毎月一日（ついたち）を＿＿＿＿＿＿＿＿＿＿＿＿＿＿

④＿＿＿＿＿＿＿＿＿＿＿＿＿＿＿＿＿＿＿＿＿＿＿＿

４．（名詞）だけで（は）なく～も～

①学校だけでなく官庁も日曜日は休日としました。

②わたしは肉だけでなく魚もきらいです。

③かぜをひいた時は、薬を飲むだけではなく＿＿＿＿＿＿＿＿＿＿

④＿＿＿＿＿＿＿＿＿＿＿＿＿＿＿＿＿＿＿＿＿＿＿＿

II．ことばの使い方

１．□の中のことばを一つ選んで、適当な形にして＿＿＿に書きなさい。

①公園には大きい木が＿＿＿＿＿＿いて、その下を歩くと、とても涼しかった。

②その女の子は夏に生まれたので、「夏子」と＿＿＿＿＿＿られました。

③ワンさんはいつも流行を＿＿＿＿＿＿服を着ています。

④わたしは大学を卒業したら、外国人留学生を＿＿＿＿＿＿てくれる会社をさがして、就職したいです。

⑤会社で働いている人たちが、１週間の夏休みを＿＿＿＿＿＿ので、会社は８月10日から８月16日までを休みにしました。

取り入れる	要求する	しげる	やとう	名づける

2．次の文を読んで、（　）にひらがなを１字ずつ入れなさい。

①３日目に神は陸と海をつくって、陸（　）（　）草や木（　）しげらせました。

②この伝説は創世記（　）書かれています。

③わたしの名前は祖母の名前（　）（　）つけられました。

④この会社（　）やとわれている人たちは100人ぐらいです。

⑤月曜日に銀座のデパートへ行ったら、休み（　）買い物ができなかった。

⑥キリスト教国（　）は、日曜日に働くことは悪いこと（　）（　）です。

3．次のことばを使って短文を作りなさい。

①ほとんど　＿＿＿＿＿＿＿＿＿＿＿＿＿＿＿＿

②決める　＿＿＿＿＿＿＿＿＿＿＿＿＿＿＿＿

③禁止する　＿＿＿＿＿＿＿＿＿＿＿＿＿＿＿＿

④やとう　＿＿＿＿＿＿＿＿＿＿＿＿＿＿＿＿

⑤開ける　＿＿＿＿＿＿＿＿＿＿＿＿＿＿＿＿

III．下の質問に答えなさい。

①「創世記」に書かれている伝説によると、神はどのようにして、この世界を作りましたか。

１日目には＿＿＿＿＿＿＿＿＿＿＿＿＿＿＿＿

２日目には＿＿＿＿＿＿＿＿＿＿＿＿＿＿＿＿

3日目には＿＿＿＿＿＿＿＿＿＿＿＿＿＿＿＿＿＿＿＿＿＿＿＿＿＿＿＿＿＿

4日目には＿＿＿＿＿＿＿＿＿＿＿＿＿＿＿＿＿＿＿＿＿＿＿＿＿＿＿＿＿＿

5日目には＿＿＿＿＿＿＿＿＿＿＿＿＿＿＿＿＿＿＿＿＿＿＿＿＿＿＿＿＿＿

6日目には＿＿＿＿＿＿＿＿＿＿＿＿＿＿＿＿＿＿＿＿＿＿＿＿＿＿＿＿＿＿

7日目には＿＿＿＿＿＿＿＿＿＿＿＿＿＿＿＿＿＿＿＿＿＿＿＿＿＿＿＿＿＿

②日曜日を休息の日にしたのは、いつの時代ですか。

③「月・火・水・木・金・土」の曜日の名前は、何からつけられましたか。

④日本ではいつごろ曜日制が取り入られましたか。

⑤日本では初めから曜日制を取り入れましたか。

⑥日本で初めに日曜日を休日にすることを要求した人たちは、どんな職業の人たちでしたか。

⑦日本で正式に曜日制が使われるようになったのは、いつですか。

⑧キリスト教国では、日曜日には商店は開いていますか。

⑨日本では日曜日は「休息の日」と考えられていますか。

デパート、商店も、日曜日に休みますか。

⑩あなたの国では、日曜日は「休息の日」と考えられていますか。

⑪あなたの国では、日曜日には商店が開いていますか。

⑫あなたは、日曜日をどのように過ごしていますか。

15課　テスト（　）月（　）日　クラス＿＿＿名前＿＿＿＿＿＿＿＿

／100

Ⅰ.次の漢字をひらがなで、英語をカタカナで書きなさい。　②×10＝⑳

1．県（　　　　）2．陸（　　　　）3．困（　　　　）る　4．惑星（　　　　）

5．疲（　　　　）れる　6．伝説（　　　　）7．開店（　　　　）

8．宗教（　　　　）9．Rome（　　　　）10．Greece（　　　　）

Ⅱ.（　）の中にひらがなを１字ずつ入れなさい。　②×10＝⑳

1．１週間の最後の日（　）日曜日（　）した（　）言われています。

2．月曜日は図書館が休み（　）、本が借りられなかった。

3．わたしは夏（　）生まれたので「夏子」（　）名づけられました。

4．日曜日は「主の日」と（　）（　）、休息と決められました。

5．この会社（　）働いている人たちは、１週間の夏休み（　）要求しました。

6．曜日の名前は何（　）（　）つけられましたか。

Ⅲ.下からことばを一つ選んで適当な形にして＿＿＿＿に書きなさい。　⑤×６＝㉚

1．神は６日間でこの世界を＿＿＿＿と、創世記に＿＿＿＿ています。

2．このデパートにやとわれている人は、日曜日も＿＿＿＿います。しかし、月曜日は＿＿＿＿となります。

3．外国旅行をして＿＿＿＿ことは、ことばがわからないことです。

4．わたしの家は古いので庭に木が＿＿＿＿ていて、夏はとても涼しい。

〔休み　作る　しげる　働く　困る　書く〕

Ⅳ.次の文を完成しなさい。　⑤×２＝⑩

1．最後のテストの成績にもとづいて＿＿＿＿＿＿＿＿＿＿＿＿

2．漢字を勉強する時は、読み方の練習だけでなく＿＿＿＿＿＿＿＿

Ⅴ.質問に答えなさい。　⑩×２＝⑳

1．日曜日を休息の日にしたのは、いつの時代ですか。

＿＿＿＿＿＿＿＿＿＿＿＿＿＿＿＿＿＿＿＿＿＿＿＿

2．あなたの国では、日曜日は「休息の日」と考えられていますか。

＿＿＿＿＿＿＿＿＿＿＿＿＿＿＿＿＿＿＿＿＿＿＿＿

16課　正　　月*

正月は日本人にとってたくさんある伝統行事の中でも、もっとも大切な行事です。

正月の前の年の12月は「師走」と呼ばれ、１年間の仕事を全部終えて、新年を迎える準備をします。デパートや商店では正月用の商品を大安売りします。繁華街では夜おそくまで忘年会を楽しむ人の姿が見られます。暮れになると家族中で家の中のそうじをして、正月の飾りつけをします。家の入口には門松をつけ、家の中には鏡もちを飾ります。正月料理として「おせち」を作ります。地方ではもちつきをするところもあります。元旦に相手の人に届くように年賀状も書いて出します。12月31日を「大晦日」と言います。除夜の鐘を聞きながら年越しそばを食べます。初日の出を見ようと、山や海へ行く人もいます。

元旦には家族そろって正月の料理を食べます。正月の酒「おとそ」を飲んだりお雑煮を食べたりします。お雑煮は1000年の歴史を持つ正月料理です。汁の中にもちや魚や鳥肉や野菜などが入っているものですが、地方によって材料や作り方がちがいます。

新年に初めて神社や寺へおまいりに行くことを「初もうで」と言います。おさい銭をあげて新しい年の幸福を祈ります。おみくじをひいて、１年の吉凶をうらなう人もいます。そして正月の町はいつもより

華やかです。それはふだん、めったに見かけない着物を着た女性の姿がおおぜい見られるからでしょう。

また、今では少なくなりましたが、正月には特別な遊びがあります。たこあげ、カルタとり、羽つき、こままわしなどで、子どもも大人もいっしょに楽しみます。家々に「ししまい」がまわってくるところもあります。そして子どもたちにとって大きな楽しみは「お年玉」です。子どもたちは大人から現金の入ったお年玉袋をもらいます。一人の子どもがもらうお年玉の額は、数万円にもなり、この時期には小さなお金持ちがおおぜい生まれることになります。

地方から東京に来ている人たちは、正月になると、ふるさとへ帰ります。ふだんあまり会わない友人や知人と交流したり、届いた年賀状を読んで正月の三が日をのんびり過ごします。しかし、最近は正月を自宅で過ごさない人が増えてきました。ホテルに泊まる人や、海外旅行へ行く人もいます。若い人はスキーに行く人が多くなりました。おせち料理を作る家庭も少なくなって、デパートやスーパーでは高価なおせち料理が売れています。

このように正月もしだいに伝統的なものが少なくなってきました。それでも正月は日本人にとって新しい年を始める大切な行事であることはたしかです。心を新しくして１年の計画を立て、その年の幕開けをするのです。

語句と漢字

正月(しょうがつ)　伝統行事(でんとうぎょうじ)　師走(しわす)　仕事(しごと)
終(お)える　新年(しんねん)　迎(むか)える　準備(じゅんび)をする
商店(しょうてん)　～用(よう)　商品(しょうひん)　大安売(おおやすう)り
繁華街(はんかがい)　忘年会(ぼうねんかい)　楽(たの)しむ　姿(すがた)
暮(く)れ　家族中(かぞくじゅう)　飾(かざ)りつけ　門松(かどまつ)
鏡(かがみ)もち　飾(かざ)る　料理(りょうり)　おせち
地方(ちほう)　①もちつき　元旦(がんたん)　相手(あいて)の人(ひと)
届(とど)く　年賀状(ねんがじょう)　大晦日(おおみそか)　除夜(じょや)の鐘(かね)
年越(としこ)しそば　初日(はつひ)の出(で)　酒(さけ)　(お)とそ
飲(の)む　(お)雑煮(ぞうに)　歴史(れきし)　汁(しる)
魚(さかな)　鳥肉(とりにく)　野菜(やさい)　材料(ざいりょう)
初(はじ)めて　神社(じんじゃ)　寺(てら)　初(はつ)もうで
おさい銭(せん)　幸福(こうふく)　祈(いの)る　②おみくじ
吉凶(きっきょう)　うらなう　華(はな)やか(な)　ふだん
めったに～ない　見(み)かける　着物(きもの)　女性(じょせい)
姿(すがた)　特別(とくべつ)(な)　遊(あそ)び　③たこあげ
④羽(はね)つき　⑤こままわし　家々(いえいえ)　ししまい
お年玉(としだま)　現金(げんきん)　～袋(ぶくろ)　時期(じき)
東京(とうきょう)　ふるさと　友人(ゆうじん)　知人(ちじん)
交流(こうりゅう)する　三(さん)が日(にち)　過(す)ごす　最近(さいきん)
自宅(じたく)　増(ふ)えてくる　泊(と)まる　海外旅行(かいがいりょこう)
高価(こうか)　伝統的(でんとうてき)　計画(けいかく)　幕開(まくあ)け

⑥カルタ(ポcarta)　ホテル (hotel)　スキー (ski)

①

②

③
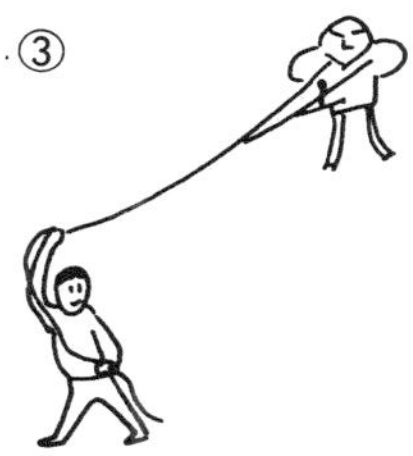

④

⑤

⑥

れんしゅう

Ⅰ．文型

例文①②のように③の文を完成させなさい。④は自分で考えて作りなさい。

1．～の中で（も）もっとも～

①正月はたくさんある伝統行事の中でももっとも大切な行事です。

②１年の中でも12月はもっとも忙しい月です。

③日曜日は１週間の中でもっとも ______________________

④______________________

2．～てくる

①正月もしだいに伝統的なものが少なくなってきました。

②最近は正月を自宅で過ごさない人が増えてきました。

③12月に入って急に______________________

④______________________

3．あまり～ない／ません

①ふだんあまり会わない友人や知人と交流したりします。

②忙しいので、あまりテレビは見ません。

③テストの前はよく勉強しますが、ふだんは______________________

④______________________

4．それでも～

①正月はしだいに伝統的なものが少なくなってきました。それでも正月は日本人にとって大切な行事です。

②暮れは地方から上京(じょうきょう)してきている人が、ふるさとへ帰るので、電車も飛行機(ひこうき)も大変こんでいます。それでも正月をふるさとで過ごすために人々は帰ろうとします。

③両親はわたしが留学することに反対しました。それでもわたしは______

④______________________

II．ことばの使い方

1．☐の中のことばを一つ選んで、適当な形にして______に書きなさい。

①正月に友人や知人などから____________年賀状を読むのはうれしいことです。

②友達の結婚式に____________を着て行ったら、みんなにほめられました。

③都会（とかい）で働（はたら）いている兄と姉も、お正月には帰ってくるので、家族____________て近くの神社へ____________に行きます。

④わたしの住（す）んでいる町には、外国人がおおぜいいます。しかし、ふだん日本人と____________ことが少ないので、毎月１回、いっしょにパーティーをしたり、ハイキングに行ったりして、____________します。

⑤今年の冬休みに、わたしは地方の友だちの家へ____________に行きました。地方は____________と違（ちが）って、のんびりしていました。

⑥わたしは東京の大学を卒業（そつぎょう）して東京で働いています。しかし____________は青森（あおもり）で、今でも両親はそこにいます。

⑦最近は学校を出ても会社などに就職（しゅうしょく）しないで、アルバイトをして生活する人が、____________ているそうだ。

そろう	ふるさと	交流	都会	届く	増える
着物	会う	初もうで	泊まる		

2．次の文を読んで、（　）にひらがなを１字ずつ入れなさい。

① 学生（　）とってもっとも大切なのは勉強です。

② いつも５時には仕事（　）終えて家へ帰ります。

③ 年賀状は１月１日に相手の人（　）届くよう（　）出します。

④ 子どもたち（　）大人からもらうお金のこと（　）お年玉といいます。

⑤ 正月は大人も子どもも正月の遊び（　）楽しみます。

⑥ いつも正月は家（　）過ごしますが、今年は海外旅行へ行きます。

⑦ デパートやスーパーではお正月用の商品（　）売れています。

⑧ 正月は新しい年（　）始める大切な行事です。

⑨ 心（　）新しくして、１年の計画（　）立て、その年の幕開け（　）する

のです。

3．次のことばを使って短文を作りなさい。

①迎える ________________

②飾る ________________

③最近 ________________

④暮れ ________________

III．下の質問に答えなさい。

① 12月は何をする月ですか。

② 12月の繁華街ではどんなものが見られますか。

③ 暮れになると家ではどんな正月の準備をしますか。

④ 大晦日には何をしますか。

⑤ 元旦にどんな料理を食べますか。

⑥ 初もうではどこへ行って何をしますか。

⑦ 正月にする特別な遊びにはどんなものがありますか。

⑧ 子どもたちにとって正月の大きな楽しみは何ですか。

⑨ 正月は日本人にとってどんな行事ですか。

⑩ あなたの国では正月を迎えるためにどんな準備をしますか。そしてどのように正月を過ごしますか。

16課　テスト （　）月（　）日　クラス＿＿＿＿＿　名前＿＿＿＿＿＿＿＿＿＿＿＿＿＿

/100

Ⅰ．次の漢字をひらがなで書きなさい。　②×10＝⑳

1．師走（　　　　　）　2．商店（　　　　　）　3．飾（　　　　　）る

4．届（　　　　　）く　5．元旦（　　　　　）　6．知人（　　　　　）

7．大晦日（　　　　　）　8．寺（　　　　　）　9．現金（　　　　　）

10．幕開（　　　　　）け

Ⅱ．（　）の中にひらがなを1字ずつ入れなさい。　②×10＝⑳

1．正月は、新しい年（　）始める大切（　）行事です。

2．人々（ひとびと）は三が日（　）のんびり過ごして、神社やお寺へおまいり（　）行きます。

3．お雑煮は1000年（　）歴史（　）持つ正月料理です。

4．母が作ったスープには肉や野菜（　）豆（　）（　）が入っていて、おいしいです。

5．留学生（　）とって、もっと（　）大切なのは勉強です。

Ⅲ．次のことばを説明した文を、右から一つ選んで記号を（　）に書きなさい。　④×5＝⑳

1．初もうで　（　）　ⓐ正月に飲むお酒

2．おせち　（　）　ⓑ正月の遊びでカードを使った遊び

3．おとそ　（　）　ⓒ正月の料理

4．おみくじ　（　）　ⓓ新年にはじめて神社や寺へおまいりに行くこと

5．カルタとり（　）　ⓔ自分の将来をうらなったことが書いてある紙で、神社や寺でひく

Ⅳ．次の文を完成させなさい。　④×5＝⑳

1．ふだんはあまり＿＿＿＿＿＿＿＿ませんが、テストの前は＿＿＿＿＿＿＿＿

2．＿＿＿＿＿＿＿＿の中で、もっとも＿＿＿＿＿＿＿＿なのは＿＿＿＿＿＿＿＿

Ⅴ．質問に答えなさい。　⑩×2＝⑳

1．「お年玉」とは何ですか。

＿＿＿＿＿＿＿＿＿＿＿＿＿＿＿＿＿＿＿＿＿＿＿＿＿＿＿＿＿＿

2．「12月」のことを、別のことばで何といいますか。

＿＿＿＿＿＿＿＿＿＿＿＿＿＿＿＿＿＿＿＿＿＿＿＿＿＿＿＿＿＿

17課　花　　火*

花火は夏の楽しみの一つです。日本中あちらこちらで花火大会があります。川や湖や海岸であげることが多いです。北海道のとうや湖であげられた世界一大きい花火は、直径が108メートルで重さが42キログラムもあったそうです。ドーンとあがったあとで、水面におちた火の粉の輪は直径800メートルもあったそうです。

日本ばかりでなく、外国でも花火が見られます。たとえばアメリカでは７月４日の独立きねん日に各地で見られます。いろいろな花火があがって、最後はナイアガラの滝やアメリカの国旗・せいじょう旗の花火で終わります。でも花火をしてはいけない州もあるそうです。

東京の花火大会では、何と言っても隅田川の花火大会が一番有名です。たいてい７月のさいごの土曜日に行われます。その時には、ひじょうにおおぜいの人が見物に来るので、まるで東京中の人が集まったようです。

早くから予約しておいて、屋形船に乗って楽しむ人もいれば、川の土手に見物席を取る人もいます。でも多くの人は、人の流れにそって歩きながら見物します。花火は二つの場所からドドーンとあがり、パッと広がって、いろいろな色や形に変化します。それは「しかけ花火」と呼ばれていて、毎年コンテストも行われます。

わたしはゆかたを着て見に行くのが楽しみですが、テレビで見ることもあります。見物人の中には、外国人もたくさんいます。次から次に「ドドーン」とあがって、「パッ」と散る花火はとてもごうかで美しく夢のようです。長い時間、つづけて見ていると、首が痛くなります。毎年この日をみんなが首を長くして待っています。

語句と漢字

①花火（はなび）	夏（なつ）	楽（たの）しみ	日本中（にほんじゅう）
あちらこちら	花火大会（たいかい）	川（かわ）	湖（みずうみ）
海岸（かいがん）	多（おお）い	②北海道（ほっかいどう）	③とうや湖（こ）
世界一（せかいいち）	直径（ちょっけい）	重（おも）さ	水面（すいめん）
火（ひ）の粉（こ）	輪（わ）	たとえば	独立（どくりつ）きねん日（び）
各地（かくち）	州（しゅう）	最後（さいご）	滝（たき）
国旗（こっき）	せいじょう旗（き）	何（なん）と言（い）っても	隅田川（すみだがわ）
一番（いちばん）	有名（ゆうめい）（な）	土曜日（どようび）	行（おこな）われる
およそ	見物（けんぶつ）する	まるで	東京中（とうきょうじゅう）
集（あつ）まる	予約（よやく）する	屋形船（やかたぶね）	乗（の）る
土手（どて）	見物席（けんぶつせき）	取（と）る	流（なが）れる
(ド)ドーン	パッと	そって	歩（ある）く
場所（ばしょ）	あがる	広（ひろ）がる	色（いろ）や形（かたち）
変化（へんか）する	しかけ花火（はなび）	呼（よ）ぶ	毎年（まいとし）
④ゆかた	見物人（けんぶつにん）	外国人（がいこくじん）	次（つぎ）から次（つぎ）に
散（ち）る	ごうか(な)	美（うつく）しい	首（くび）
痛（いた）い	首を長（なが）くして	待（ま）つ	

センチメートル (centimeter)　キログラム (kilogram)

メートル (meter)　アメリカ (America)

⑤ナイアガラ（の滝）(Niagara Falls)

コンテスト (contest)

①

②③

④

⑤

れんしゅう

Ｉ．　文型

例文①②のように③の文を完成させなさい。④は自分で考えて作りなさい。

１．何と言っても～

①何と言っても、隅田川の花火が一番有名です。

②何と言っても、花火は夏の最大の楽しみです。

③ 何と言っても、ドーン・パッという音は、＿＿＿＿＿＿＿＿＿＿
　 子どもが好きなのは、何と言っても、＿＿＿＿＿＿＿＿＿＿

④＿＿＿＿＿＿＿＿＿＿＿＿＿＿＿＿＿＿＿＿

２．（まるで）～のようです

①花火大会は大変こんでいて、まるで、東京中の人が来ているようです。

②花火があがると、明るくて、まるで昼のようです。

③ 友だちがつくったかみの花は、きれいで、まるで ＿＿＿＿＿＿＿＿
　 花火を見てよろこんでいるおとなたちはまるで ＿＿＿＿＿＿＿＿

④＿＿＿＿＿＿＿＿＿＿＿＿＿＿＿＿＿＿＿＿

３．～もいれば／あれば、～もいます／あります

①花火を船から見る人もいれば、土手から見る人もいます。

②おどりの輪の中には、子どももいれば、おとなもいます。

③学生りょうには一人部屋もあれば ＿＿＿＿＿＿＿＿＿＿

④＿＿＿＿＿＿＿＿＿＿＿＿＿＿＿＿＿＿＿＿

４．～と呼ばれています

①そのごうかな花火は、「しかけ花火」と呼ばれています。

②あの橋は、たいこのような形なので、「たいこ橋」と呼ばれています。

③３月３日は女の子のお祭りで＿＿＿＿＿＿＿＿＿＿

④＿＿＿＿＿＿＿＿＿＿＿＿＿＿＿＿＿＿＿＿

II．　ことばの使い方

１．□の中のことばを一つ選んで、＿＿に書きなさい。

①夏になると＿＿＿＿＿＿で花火大会が開かれます。

②北海道のとうや湖で、＿＿＿＿＿大きい花火があがったそうです。

③花火はドーンとあがってから、パッといろいろな＿＿＿＿＿に変わります。

④＿＿＿＿＿花火を見上げていると、首が痛くなります。

⑤今年は、屋形船を＿＿＿＿＿したので、いっしょに花火を見ましょう。

形や色　各地　長時間　予約　世界一

2．次の説明(せつめい)と同じ意味のことばを□の中から選んで＿＿に書きなさい。

①あちらこちらのいろいろなところ　＿＿＿＿＿

②7月4日　＿＿＿＿＿

③円(えん)（丸い形）をまん中で二つに分ける線(せん)　＿＿＿＿＿

④楽しみのためにみる人がすわるところ　＿＿＿＿＿

⑤みんなが知っている　＿＿＿＿＿

⑥川の両側で土が高くなっているところ　＿＿＿＿＿

直径　土手 各地 見物席 （アメリカの）独立きねん日 有名な

3．次のことばを使って短文を作りなさい。

①~~ばかりでなく~も~~ ＿＿＿＿＿＿＿＿＿＿

①<u>～ばかりでなく～も</u>　＿＿＿＿＿＿＿＿＿＿

②<u>たとえば</u>　＿＿＿＿＿＿＿＿＿＿

③<u>一番～</u>　＿＿＿＿＿＿＿＿＿＿

④<u>次から次に</u>　＿＿＿＿＿＿＿＿＿＿

⑤<u>首を長くして待つ</u>　＿＿＿＿＿＿＿＿＿＿

III.　下の質問に答えなさい。

①花火の季節はいつですか。

②世界一の花火はどこであげられましたか。

③それはどのぐらい大きかったですか。

④東京で一番有名な花火大会はどこで行われますか。

⑤あなたは毎年花火を見ますか。

⑥今までに見た花火で一番よかったのは、いつ、どこで見た花火ですか。

17課　テスト（　）月（　）日　クラス＿＿＿名前＿＿＿＿＿＿＿＿

／100

Ⅰ.次の漢字をひらがなで、英語をカタカナで書きなさい。　②×10＝⑳

1．花火（　　　　　）　2．見物席（　　　　　）　3．外国人（　　　　　）

4．火（　　）の粉（　　）　5．国旗（　　　　　）　6．水面（　　　　　）

7．隅田川（　　　　　）　8．Niagara（　　　　　）

9．kilogram（　　　　　）　10．America（　　　　　）

Ⅱ.（　）の中にひらがなを１字ずつ入れなさい。　②×10＝⑳

1．川（　）湖（　）海岸（　）花火をあげることが多いです。

2．アメリカでは花火（　）して（　）いけない州もあるそうです。

3．わたしはゆかた（　）着て見に行く（　）（　）楽しみです。

4．花火（　）見物人の中に（　）、外国人（　）たくさんいます。

Ⅲ.下からことばを一つ選んで適当な形にして＿＿＿＿に書きなさい。　③×10＝㉚

1．＿＿＿＿から＿＿＿＿ておいて、屋形船に乗って見物します。

2．その＿＿＿＿花火は、＿＿＿＿と呼ばれています。

3．＿＿＿＿とあがり、＿＿＿＿と＿＿＿＿て＿＿＿＿が変化します。

4．以前に＿＿＿＿のとうや湖で世界一大きい花火が＿＿＿＿そうです。

（ドドーン　予約　あがる　しかけ花火　早い
広がる　パッ　ごうかな　色や形　北海道）

Ⅳ.次の説明と同じ意味のことばを［　］から選んで書きなさい。　②×４＝⑧

1．東京で一番有名な花火があがるところ　＿＿＿＿＿＿

2．円（丸い形）をまん中で二つに分ける線　＿＿＿＿＿＿

3．競争して順位をきめる大会　＿＿＿＿＿＿

4．７月４日（アメリカ）　＿＿＿＿＿＿

［コンテスト
独立記念日
隅田川　直径］

Ⅴ.次のことばを使って短文を作りなさい。　⑥×２＝⑫

1．～ばかりでなく～も　＿＿＿＿＿＿＿＿＿＿＿＿＿＿

2．首を長くして待つ　＿＿＿＿＿＿＿＿＿＿＿＿＿＿

Ⅵ.あなたの国にはどんな花火がありますか。　⑩

＿＿＿＿＿＿＿＿＿＿＿＿＿＿＿＿＿＿＿＿

18課　体育の日*

現在、日本には「国民の祝日」が13日あります。その祝日が日曜日の場合は翌日が休みです。この日は学校も会社も休みになって、国中の人がそろって祝います。10月10日もその一つで、「体育の日」です。この日にはみんなスポーツにしたしみ、自分の健康について考えます。10月10日が「体育の日」と決まったのは1966年です。その前は10月の第１土曜日でした。ではどうして10月10日に変えたのでしょうか。それは1964年に第18回オリンピックが東京で開かれ、その開会式が10月10日だったからです。

オリンピックがアジアで開かれたのは、この第18回東京オリンピックが初めてでした。このオリンピックには世界の94か国が参加して、5558人もの選手が東京に集まりました。開会式には伝統にしたがって、聖火リレーがあります。ですから、開会式の日に雨が降っては困ります。過去の記録をくわしく調べて、いつもよい天気の記録が続いた10月10日が選ばれました。やはりこの開会式の10月10日も、前日までの雨がやんで快晴となり、幸運のスタートを切ることができました。

最新の技術を使って建てられた競技場や科学的な審判法などで、東京オリンピックは「造形と科学のオリンピック」と呼ばれて大成功でした。それで、1966年から、この記念すべき10月10日が「体育の日」となったのです。この日には各地で、学校や会社などの運動会やいろいろなスポーツ大会、体力測定などが行われます。勉強や仕事のことを忘れて、秋晴れの青空の下で、のびのびと１日を過ごすのは、すばらしいことです。これから先も毎年10月10日は快晴の日になるでしょうか。さてみなさんは、自分の健康のために、どんな計画をたてて実行していますか。

語句と漢字

体育(たいいく)　現在(げんざい)　祝日(しゅくじつ)　翌日(よくじつ)

会社(かいしゃ)　国中(くにじゅう)の人(ひと)　そろう　祝(いわ)う

したしむ　健康(けんこう)　考(かんが)える　決(き)まる

前(まえ)　第(だい)～　変(か)える　東京(とうきょう)

開会式(かいかいしき)　初(はじ)めて　世界(せかい)　～か国(こく)

参加(さんか)する　選手(せんしゅ)　集(あつ)まる　伝統(でんとう)

したがう　①聖火(せいか)　雨(あめ)　降(ふ)る

困(こま)る　過去(かこ)　記録(きろく)　くわしい

調(しら)べる　続(つづ)く　選(えら)ぶ　やはり

前日(ぜんじつ)　やむ　快晴(かいせい)　幸運(こううん)

切(き)る　最新(さいしん)　技術(ぎじゅつ)　建(た)つ

②競技場(きょうぎじょう)　科学的(かがくてき)(な)　審判法(しんぱんほう)　造形(ぞうけい)

科学(かがく)　呼(よ)ぶ　大成功(だいせいこう)　記念(きねん)

～べき　各地(かくち)　③運動会(うんどうかい)　体力測定(たいりょくそくてい)

行(おこな)う　仕事(しごと)　秋晴(あきば)れ　青空(あおぞら)

のびのび(と)　過(す)ごす　先(さき)　さて

計画(けいかく)　実行(じっこう)

スポーツ (sports)　④オリンピック (Olympic)

アジア (Asia)　リレー (relay)

スタート (start)

①

②

③

④

れんしゅう

I．文型

例文①②のように③の文を完成させなさい。④は自分で考えて作りなさい。

1．～と決まる

①10月10日が「体育の日」と決まったのは1966年です。

②次のオリンピックは、カナダと決まりました。

③期末テストは＿＿＿＿＿＿＿＿＿＿＿＿＿＿＿＿＿＿＿＿

④＿＿＿＿＿＿＿＿＿＿＿＿＿＿＿＿＿＿＿＿＿＿＿＿

2．～にしたがって～

①開会式には伝統にしたがって聖火リレーがあります。

②夏休みは計画にしたがって生活をします。

③学校のきそくにしたがって＿＿＿＿＿＿＿＿＿＿＿＿＿＿＿＿

④＿＿＿＿＿＿＿＿＿＿＿＿＿＿＿＿＿＿＿＿＿＿＿＿

3．～となったのです

①10月10日が「体育の日」となったのです。

②5月の第2日曜日が母の日となったのです。

③5月5日が＿＿＿＿＿＿＿＿＿＿＿＿＿＿＿＿となったのです。

④＿＿＿＿＿＿＿＿＿＿＿＿＿＿＿＿＿＿＿＿＿＿＿＿

II．ことばの使い方

1．□の中のことばを一つ選んで、適当な形にして＿＿＿に書きなさい。

①きのうは「体育の日」でした。町で＿＿＿＿＿れた運動会に、初めて＿＿＿＿して、1日中、＿＿＿＿＿と、運動をして＿＿＿＿＿しました。

②日曜日に会社の人たちと山へ行きました。朝は少し雨が＿＿＿＿＿ていましたが、みんな＿＿＿＿＿ったので、出かけました。

③毎日、秋晴れが＿＿＿＿＿ていましたが、今日は、雨になりました。

④早起きは、＿＿＿＿＿にいいですが、＿＿＿＿＿するのは大変です。

集まる　実行　のびのび　健康　行う　続く　降る　参加　過ごす

2．次の文を読んで、（　）にひらがなを1字ずつ入れなさい。

①秋は、読書（　）したしむきせつだ（　）言われています。

②開会式（　）、雨（　）降ると困ります。

③10月10日（　）選ばれたのは、快晴の日が多いからです。

④アジアスポーツ大会の開会式はよく晴れて、幸運のスタート（　）切ることができました。

⑤私は健康のため（　）、毎週、プール（　）およいでいます。

3．次のことばを使って短文を作りなさい。

①建つ ______________________________

②そろう ______________________________

③調べる ______________________________

4．次のことばの他動詞の形を書きなさい。

例　そろう　そろえる

①続く ______　②決まる ______　③建つ ______

④変わる ______　⑤集まる ______　⑥過ぎる ______

III．下の質問に答えなさい。

①日本には国民の祝日が何日ありますか。

②「体育の日」は、何をしたり、考えたりする日ですか。

③「体育の日」が10月10日に決まったのはいつでしたか。

④どうして10月10日を「体育の日」にしましたか。

⑤東京オリンピックには何か国が参加して、何人の選手が集まりましたか。

⑥どうして、10月10日が、オリンピックの開会式に選ばれましたか。

⑦東京オリンピックは、「造形と科学のオリンピック」と呼ばれましたが、それはどうしてですか。

⑧あなたは、健康のために、どんなことをしていますか。

⑨あなたの国には、祝日が何日ありますか。

⑩あなたの国には、どんな祝日がありますか。

18課　テスト（　）月（　）日　クラス＿＿＿名前＿＿＿＿＿＿＿＿

／100

Ⅰ．次の漢字をひらがなで、英語はカタカタで書きなさい。　①×７＝⑦

１．体育（　　　　　）　２．記録（　　　　　）　３．競技場（　　　　　）

４．快晴（　　　　　）　５．祝日（　　　　　）　６．伝統（　　　　　）

７．Asia（　　　　　）

Ⅱ．（　）の中にひらがなを１字ずつ入れなさい。　②×10＝⑳

１．開会式に雨（　）降る（　）困ります。

２．東京オリピックに（　）世界の94（　）国が参加し、「造形（　）科学（　）オリンピック」（　）呼ばれました。

３．10月10日（　）「体育の日」（　）決まった（　）は1966年です。

Ⅲ．下からことばを一つ選んで適当な形にして＿＿＿に書きなさい。　③×７＝㉑

１．会社の運動会に＿＿＿＿て、一日中のびのびと＿＿＿＿ました。

２．毎日＿＿＿＿が＿＿＿＿ていましたが、今日は雨になりました。

３．東京で＿＿＿＿オリンピックが＿＿＿＿れたのは＿＿＿＿でした。

〔第18回　開く　参加する　過ごす　続く　1964年　秋晴れ〕

Ⅳ．次のことばの他動詞の形を書きなさい。　②×９＝⑱

１．決まる＿＿＿＿　２．建つ＿＿＿＿　３．集まる＿＿＿＿

４．変わる＿＿＿＿　５．止まる＿＿＿＿　６．始まる＿＿＿＿

７．起きる＿＿＿＿　８．続く＿＿＿＿　９．閉まる＿＿＿＿

Ⅴ．次のことばを使って短文を作りなさい。　⑦×２＝⑭

１．～にしたがって＿＿＿＿＿＿＿＿＿＿

２．～となったのです＿＿＿＿＿＿＿＿＿＿

Ⅵ．下の質問に答えなさい。　⑩×２＝⑳

１．あなたは「休育の日」に何をしますか。

＿＿＿＿＿＿＿＿＿＿＿＿＿＿＿＿＿＿＿＿

２．あなたは健康のために、どんなことをしていますか。

＿＿＿＿＿＿＿＿＿＿＿＿＿＿＿＿＿＿＿＿

19課　かまくら（日本の祭り）*

日本人は祭りが好きです。全国各地にはいろいろな祭りがあります。祭りはもともとは、神を迎えてもてなし、神のお考えをうかがい、神の恵みをいただくというものでした。日本では神は一つではなく、山や木や川などの自然、また、蛇やキツネなどの動物などを、神と呼びました。人々は、これらのものは人間の力より大きな力を持っている神聖なもの、と考えました。昔は、祭りは人々にとって大切なものでしたが、今では生活の中の楽しみとして行われ、中には観光化してしまった祭りもあります。

たくさんの祭りの中から一つ、東北地方の秋田県に伝わる子どものための祭り「かまくら」を紹介しましょう。秋田県の横手市は東北地方でも、とくに雪が多い地方です。２月中ごろにこの町を訪れると、町の中にふしぎなものが見られます。それは、道のわきに作られた、まるい雪の家です。あちらこちらに立っている、この小さな家にはだれが住んでいるのでしょうか。中をのぞいてみましょう。この家は、小さいもので三、四人ぐらい、大きいもので、五、六人ぐらい入れます。床にはむしろや毛布がしいてあって、正面の奥には水神様がまつってあります。そこにはろうそくの明かりがついています。へやのまん中には火ばちがあって甘酒を入れたなべがかけてあり、おいしそうなにおいがします。雪の家の中は暖かく住みやすそうです。このかわいらしい家の主人は子どもたちなのです。雪の家は「かまくら」と呼ばれています。

２月14日になると、子どもたちは雪をたくさんつんでかまくらを作ります。15日の朝、子どもたちはかまくらの前で火をたきながら鳥追いの歌を歌います。これは田畑に作物を食べにきた鳥（スズメやカラス）を追う歌です。それからごちそうを用意して、道を通る人に「どうぞおあがりになってください」「甘酒をめしあがってください」とよびかけます。お客さんが中に入ると「よくおいでくださいました。さあ、たくさんめしあがってください」と言って、ごちそうをすすめます。

こうしてお客さんと楽しく話をしたり歌を歌ったりして、暗い冬の二、三日を過ごします。大人たちもお客さんになってかまくらを訪問し、おみやげにもちやさい銭を持って来ます。夜になると、ろうそくの灯で明るくなったかまくらが、暗やみの中に浮かびあがります。点々と続くまるい小さな雪の家。その中では子どもたちがほおを赤くして歌を歌ったりゲームを楽しんだりしています。それはまるでメルヘンの世界を見ているような美しさです。

400年以上の歴史があるかまくらは、冬の長いこの地方の子どもたちにとって、大変楽しい祭りです。

語句と漢字

かまくら	祭(まつ)り	全国各地(ぜんこくかくち)	もともと
神(かみ)	もてなし	うかがう	恵(めぐ)み
いただく	自然(しぜん)	①蛇(へび)	②キツネ
動物(どうぶつ)	人々(ひとびと)	神聖(しんせい)(な)	生活(せいかつ)
楽(たの)しみ	観光化(かんこうか)	③東北地方(とうほくちほう)	④秋田県(あきたけん)
伝(つた)わる	紹介(しょうかい)する	⑤横手市(よこてし)	雪(ゆき)
中(なか)ごろ	訪(おとず)れる	ふしぎ(な)	わき
あちらこちら	のぞく	床(ゆか)	むしろ
毛布(もうふ)	しく	正面(しょうめん)	奥(おく)
水神様(すいじんさま)	まつる	ろうそく	明(あ)かり
まん中(なか)	火(ひ)ばち	甘酒(あまざけ)	なべ
かける	暖(あたた)かい	かわいらしい	～やすい
たく	鳥追(とりお)い	田畑(たはた)	作物(さくもつ)
⑥スズメ	⑦カラス	追(お)う	ごちそう
用意(ようい)	呼(よ)びかける	すすめる	過(す)ごす
訪問(ほうもん)する	おみやげ	もち	さい銭(せん)
灯(ひ)	暗(くら)やみ	浮(う)かびあがる	点々(てんてん)
歴史(れきし)			

ゲーム (game)　メルヘン (Ⓓ Märchen)

①

②

③④⑤

⑥

⑦

れんしゅう

Ⅰ．文型

例文①②のように③の文を完成させなさい。④は自分で考えて作りなさい。

1．もともと（は）

①祭りはもともとは、神を迎えてもてなし、神のお考えをうかがい、神の恵みをいただくというものでした。

②かまくらはもともと、作物を食べにきた鳥を追う行事(ぎょうじ)でした。

③漢字はもともと ＿＿＿＿＿＿＿＿＿＿＿＿＿＿＿＿

④＿＿＿＿＿＿＿＿＿＿＿＿＿＿＿＿＿＿＿＿＿＿＿＿

2．～は～より～

①これらは人間の力より大きな力を持っています。

②弟は中学生ですが私より背も高く、太っています。

③中国の人口(じんこう)は、日本の人口より ＿＿＿＿＿＿＿＿＿＿＿＿

④＿＿＿＿＿＿＿＿＿＿＿＿＿＿＿＿＿＿＿＿＿＿＿＿

3．～(れ)る／られる（受身）

①現在、祭りは生活の中の楽しみとして行われます。

②雪の家はかまくらとよばれています。

③スポーツ大会の開会式は、10月１日に＿＿＿＿＿＿＿＿＿＿＿＿

④＿＿＿＿＿＿＿＿＿＿＿＿＿＿＿＿＿＿＿＿＿＿＿＿

4．お～になる

①お客さんに「どうぞおあがりになってください」と言います。

②どうぞ中におはいりになってください。

③「木村先生はどちらですか」「木村先生はもう家に＿＿＿＿＿＿＿＿」

④＿＿＿＿＿＿＿＿＿＿＿＿＿＿＿＿＿＿＿＿＿＿＿＿

5．～ている

①そこにはろうそくの明かりがついています。

②さむいですね。まどがあいていますよ。

③道にお金が＿＿＿＿＿＿＿＿＿＿＿＿＿＿＿＿＿＿＿＿

④＿＿＿＿＿＿＿＿＿＿＿＿＿＿＿＿＿＿＿＿＿＿＿＿＿＿＿＿＿＿

II. ことばの使い方

1．□の中のことばを一つ選んで、適当な形にして＿＿＿に書きなさい。

①「明日のテストは何時からですか」「わたしにはわかりませんから先生に＿＿＿＿＿＿てください」

②やわらかいベッドにねるより、たたみの上にふとんを＿＿＿＿＿＿てねるほうが、体にはいいです。

③「夏休みは楽しかったですか」「ええ、北海道の知人の家を＿＿＿＿＿＿て、知人と一緒に北海道を旅行して＿＿＿＿＿＿ので、とても楽しかったです」

④東京は、たいへん便利なところですが、住むところはせまいし家賃(やちん)もたかいので、＿＿＿＿＿＿とは言えません。

⑤日本人の友だちの家に遊びに行きました。わたしは花を＿＿＿＿＿＿に持って行きました。家に入るとおいしそうな＿＿＿＿＿＿がしました。友だちのお母さんは＿＿＿＿＿＿をたくさん作って待っていました。前の日から＿＿＿＿＿たそうです。お母さんは、わたしに「たくさん食べてください」と、＿＿＿＿＿＿てくれました。

用意する	うかがう	住みやすい	ごちそう	しく
すすめる	過ごす	おみやげ	訪問する	におい

2．次の文を読んで、（　）にひらがなを１字ずつ入れなさい。

①子どものため（　）本は、この奥においてあります。

②東京の中でも新宿はとく（　）、デパートや商店などが多いです。

③夏に京都（　）訪れると、大変に暑いのでおどろきます。

④道のわき（　）小さい箱(はこ)がおいてあったので、中（　）のぞいてみると、子ねこが３びき入っていた。

⑤台所に入ると、いいにおい（　）した。母がケーキをやいていたのだ。

⑥昔は竹をナイフ（　）けずって、スキー板（　）作りました。

⑦魚屋の前では店の人が通る人（　）、「さあ、安いですよ」と呼びかけています。

⑧わたしは冬休み（　）になると、東北の祖母の家へ行きます。温泉に入ったりスキーをしたりして冬（　）過ごします。

⑨かまくら（　）訪問する時には、子どもたち（　）あげるおみやげをもって行きます。

⑩横手市の子どもたち（　）とって、雪の家、かまくらは小さいですが、自分の家なのです。

3．次のことばを使って短文を作りなさい。

①もともと ＿＿＿＿＿＿＿＿＿＿＿＿＿＿＿＿

②呼びかける ＿＿＿＿＿＿＿＿＿＿＿＿＿＿＿＿

③せいかつ ＿＿＿＿＿＿＿＿＿＿＿＿＿＿＿＿

④追う ＿＿＿＿＿＿＿＿＿＿＿＿＿＿＿＿

⑤楽しみ ＿＿＿＿＿＿＿＿＿＿＿＿＿＿＿＿

III. 下の質問に答えなさい。

①祭りはもともとは、どういうものでしたか。

②日本人はどんなものを神と呼びましたか。

③それはどうしてですか。

④昔と今とでは、祭りはどう変わっていますか。

⑤「かまくら」はどこで行われる祭りですか。

⑥「かまくら」は何の名前ですか。

⑦「かまくら」の中はどうなっていますか。

⑧「かまくら」はだれのための祭りですか。

⑨子どもたちは祭りの期間（きかん）をどのようにして過ごしますか。

⑩あなたの国にはどんな祭りがありますか。

⑪あなたは祭りにどんな思い出がありますか。

19課　テスト（　）月（　）日　クラス＿＿＿名前＿＿＿＿＿＿＿＿

／100

Ⅰ．次の漢字をひらがなで書きなさい。　②×10＝⑳

1．神聖（　　　　　）　2．観光化（　　　　　）　3．田畑（　　　　　）

4．秋田県（　　　　　）　5．追（　　　　　）う　6．作物（　　　　　）

7．訪（　　　　　）れる　8．暗（　　　　　）やみ　9．点々（　　　　　）

10．甘酒（　　　　　）

Ⅱ．（　）の中にひらがなを１字ずつ入れなさい。　②×10＝⑳

1．祭りは人々（　）とって、大切（　）ものでした。

2．日本では春になると、あちらこちら（　）桜(さくら)の花が見られます。

3．お客さん（　）中に入ると、子どもたちはごちそう（　）すすめます。

4．ベッドにねる（　）（　）、ふとん（　）ねる（　）（　）が好きです。

5．「かまくら」の中（　）（　）、ろうそくの明かり（　）ついています。

Ⅲ．次の文の＿＿＿の敬語をふつうの言い方に書きかえなさい。　⑤×４＝⑳

1．どうぞ<u>おあがりになって</u>ください。　→（　　　　　　　　）

2．甘酒を<u>めしあがって</u>ください。　→（　　　　　　　　）

3．よく<u>おいでください</u>ました。　→（　　　　　　　　）

4．神のお考えを<u>うかがい</u>ます。　→（　　　　　　　　）

Ⅳ．下からことばを一つ選んで適当な形にして＿＿＿に書きなさい。　⑤×６＝㉚

1．暗やみの中に明るくなったかまくらが＿＿＿＿と続いています。

2．正月に友だちの家を＿＿＿＿と＿＿＿＿を用意して待っていてくれた。

3．かまくらの中を＿＿＿＿と、火ばちになべが＿＿＿＿あり、いいにおいがしていました。

4．子どもたちは雪を＿＿＿＿で、雪の家を作ります。

〔点々　つむ　かける　ごちそう　のぞく　訪問する〕

Ⅴ．質問に答えなさい。　⑤×２＝⑩

1．かまくらはどこの地方の祭りですか。＿＿＿＿＿＿＿＿＿＿

2．かまくらはだれのための祭りですか。＿＿＿＿＿＿＿＿＿＿

20課　すもう見物*

すもうは、日本で古くから行われている、日本の代表的なスポーツです。野球と同じくらい人気があります。直径5メートルほどの円い土俵の中で、二人の力士が技を競います。力士は髪を長くのばして、「まげ」と呼ばれるヘア・スタイルをしています。はだかで腰に「まわし」をしめます。試合の進行と審判をする「行司」も昔からのきれいな着物をきています。このように、すもうは伝統的な独特のスタイルと力士のりっぱな体格と力強さなどで、見て楽しいスポーツです。

二人の力士が、土俵の上で押したり、突いたり、組み合って、勝負をします。土俵の中で、足の裏以外の体の部分が、先に土につくか、または、土俵の外に出ると負けです。すもうには70種類の技（勝つ方法）があります。また、すもうには10のランクがあって、最高が「横綱」です。それから大関・関脇・小結・前頭と続いて、この五つは幕内と呼ばれます。その下には十両や幕下があります。

すもうの試合は「場所」と呼ばれ、年に6回、定期的にあります。1月、5月、9月は東京で、3月は大阪、7月は名古屋、11月は福岡で行われます。

東京の試合は、両国の「国技館」で行われます。国技館は1984年に完成した近代的な建物です。およそ1万1千人の人が見物できます。土俵とその真上の屋根形の設備は電動式で、それぞれが上と下にしまわれますから、他のスポーツや音楽会など多目的に使用できます。

さて、わたしたち留学生は日本文化の勉強にすもう見物に行きました。朝の授業が始まる前に当日券を買い、クラスが3時に終わってすぐ、急いで両国へ行きました。国技館の入口にはカラフルなのぼり（細長い旗）が何本も立ち並んでいました。4時からの横綱の土俵入りに間に合いました。どうどうとりっぱな体の横綱たちが入って来て、土俵の上で見せた伝統的なショウはまるで絵のようでした。そして試合が始まりました。呼び出しのあと、次々に出てきた力士たちは、ムラサキ、ミドリ、オレンジ、エンジなどいろいろな色のまわしをしめていました。試合は二人が向かい合って行司の指示で取り組みます。何度もしきり直して、やっと試合が始まったと思ったとたんに、終わってしまう試合もあります。たおれそうになってまた続く試合もあって、ハラハラします。力士たちは試合前にパッと塩をまいて、土俵を清めます。塩はきずのくすりにもなるそうです。１日に30キログラムもの塩が使われるそうです。

広告をする会社がある試合では、勝った力士は「けんしょう金」をもらいます。１回の試合にたくさんの会社からけんしょう金が出ることもあります。人気の高い力士の試合には５社から10社くらいのスポンサーがつきます。力士はとても礼儀正しくて、試合の前にも後にもおじぎをします。試合がぜんぶ終わると、最後に弓を持った力士が弓をぐるぐるまわしました。スポーツではなくて、おどりの舞台みたいでした。

帰りは１万人の人で出口も駅もこみました。みんな手に大きなおみやげ袋をさげていました。やぐらの上では、にぎやかなたいこの音がきこえました。とても楽しかったので、また見物したいと思いました。

語句と漢字

すもう	見物(けんぶつ)	行(おこな)う
代表的(だいひょうてき)(な)	野球(やきゅう)	～くらい
人気(にんき)	直径(ちょっけい)	円(まる)い
①土俵(どひょう)	力士(りきし)	技(わざ)
競(きそ)う	髪(かみ)	のばす
②まげ	呼(よ)ぶ	腰(こし)
まわし	しめる	試合(しあい)
進行(しんこう)する	③行司(ぎょうじ)	昔(むかし)
着物(きもの)	伝統的(でんとうてき)(な)	独特(どくとく)
体格(たいかく)	力強(ちからづよ)さ	押(お)し
突(つ)く	組(く)み合(あ)う	
したがう	向(む)かい合(あ)う	④勝負(しょうぶ)する
裏(うら)	以外(いがい)	部分(ぶぶん)
先(さき)	土(つち)	つく
負(ま)ける	種類(しゅるい)	勝(か)つ
方法(ほうほう)	最高(さいこう)	横綱(よこづな)
大関(おおぜき)	関脇(せきわけ)	小結(こむすび)
前頭(まえがしら)	幕内(まくうち)	十両(じゅうりょう)
幕下(まくした)	場所(ばしょ)	定期的(ていきてき)
大阪(おおさか)	名古屋(なごや)	福岡(ふくおか)
両国(りょうごく)	国技館(こくぎかん)	近代的(きんだいてき)
建物(たてもの)	およそ	真上(まうえ)
⑤屋根形(やねがた)	設備(せつび)	電動式(でんどうしき)

①
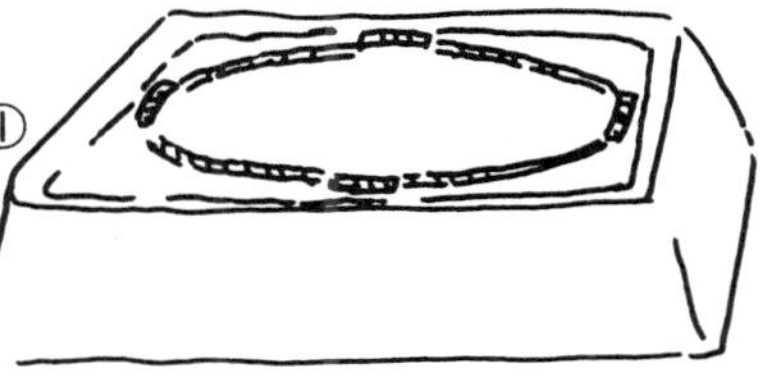

②

③

④

それぞれが　音楽会(おんがくかい)　多目的(たもくてき)

使用(しよう)する　わたしたち　留学生(りゅうがくせい)

文化(ぶんか)　授業(じゅぎょう)　当日券(とうじつけん)

⑥のぼり　細長(ほそなが)い　旗(はた)

立(た)ち並(なら)ぶ　⑦土俵入(どひょうい)り　どうどう(と)

伝統的(でんとうてき)　絵(え)　呼出(よびだ)し

ムラサキ　ミドリ　エンジ

指示(しじ)　取(と)り組(く)む　何度(なんど)

しきり直(なお)し　とたん（に）　たおれる

ハラハラ　パッ（と）　塩(しお)

⑧まく　清(きよ)める　きず

広告(こうこく)　けんしょう金(きん)　人気(にんき)

礼儀正(れいぎただ)しい　おじき　ぜんぶ

最後(さいご)　⑨弓(ゆみ)　ぐるぐる

おどり　舞台(ぶたい)　こむ

おみやげ袋(ぶくろ)　さげる　やぐら

たいこ

スポーツ (sports)　メートル (meter)

ヘア・スタイル (hairstyle)　ランク (rank)

クラス (class)　カラフル (colorful)

オレンジ(orange)　マナー(manner)

キログラム(kilogram)　スポンサー (sponsor)

⑤

⑥

⑦

⑧

⑨

れんしゅう

Ｉ．文型

例①②のように③の文を完成させなさい。④は自分で考えて作りなさい。

１．～と同じくらい～

①相撲は野球と同じくらい、人気があります。

②日本語の勉強の中で、書くことは、話すことと同じくらい、わたしにとってむずかしいです。

③日本の夏は＿＿＿＿＿＿＿＿＿＿＿＿＿＿＿＿＿＿＿＿＿＿＿＿

④＿＿＿＿＿＿＿＿＿＿＿＿＿＿＿＿＿＿＿＿＿＿＿＿＿＿＿＿＿

２．～とたん～

①始まったとたんに、終わってしまう試合もあります。

②ごちそうを食べようとしたとたんに目がさめた。

③試験(しけん)が終わったとたんに、＿＿＿＿＿＿＿＿＿＿＿＿＿＿＿＿＿＿

④＿＿＿＿＿＿＿＿＿＿＿＿＿＿＿＿＿＿＿＿＿＿＿＿＿＿＿＿＿

３．～をもらう

①勝った力士は「けんしょう金」をもらいます。

②父からもらったカメラを、なくしてしまいました。

③クリスマスには、両親から＿＿＿＿＿＿＿＿＿＿＿＿＿＿＿＿＿＿

④＿＿＿＿＿＿＿＿＿＿＿＿＿＿＿＿＿＿＿＿＿＿＿＿＿＿＿＿＿

II．ことばの使い方

１．□の中のことばを一つ選んで、適当な形にして＿＿＿に書きなさい。

①「スミスさんはどの方ですか」「あの青いネクタイを＿＿＿＿＿て、＿＿＿＿＿正しい方が、スミスさんです」

②力士は＿＿＿＿＿の指示にしたがって＿＿＿＿＿をします。

③力士が腰のまわりにしめている＿＿＿＿＿は、カラフルな色をしています。力士のヘア・スタイルは＿＿＿＿＿と呼ばれています。

④この会場は、音楽会やスポーツ大会や講演会(こうえんかい)など、＿＿＿＿＿に＿＿＿＿＿れ

ています。

⑤このテニスの試合は、毎月、東京で＿＿＿＿＿に行われています。

⑥すもうでは体の小さい力士が、体の大きい力士に技を使って＿＿＿＿＿ことがよくあって、おもしろいです。

⑦定期試験の結果が悪かったので、学校から＿＿＿＿＿が来てしまいました。もう一度試験を受けなければなりません。

⑧昨日は、大変強い風がふいたので、木が何本も＿＿＿＿＿て、家の屋根もこわれました。

呼び出し　試合　しめる　たおれる　まげ　使用する 定期的　まわし　行司　多目的　礼儀　勝つ

2．次の文を読んで、（　）にひらがなを1字ずつ入れなさい。

①海外研修(かいがいけんしゅう)は、この学校（　）、10年前から行なわれている大切な行事(ぎょうじ)です。

②兄は、背が高くてハンサムなので、女の人（　）人気（　）あります。

③オリンピックでは、各国の選手(せんしゅ)たちが、技（　）を競いました。

④今日はパーティーがあるので、きれいなふく（　）きて、むね（　）花をつけました。

⑤試合の時、体の部分（　）、土俵の土（　）つくと、負けになります。

⑥すもうで一番上のランクは、横綱（　）呼ばれています。

⑦わたしは毎週一回、会話の勉強（　）、日本人の家に行っています。

⑧旅行へ行く前（　）、ひこうきの券を買うために、旅行社へ行きました。

⑨日本人は塩を使って、いろいろなもの（　）清めます。

⑩試合が始まる前は、おおぜいの人（　）、大変こんでいました。

3．次のことばを使って短文を作りなさい。

①さげる　＿＿＿＿＿＿＿＿＿＿＿＿＿＿＿＿＿＿＿＿

②取り組む　＿＿＿＿＿＿＿＿＿＿＿＿＿＿＿＿＿＿＿＿

③向かい合う　＿＿＿＿＿＿＿＿＿＿＿＿＿＿＿＿＿＿＿＿

④勝負する　＿＿＿＿＿＿＿＿＿＿＿＿＿＿＿＿＿＿＿＿

4．□の中のことばを一つ選んで＿＿に書きなさい。

①スピーチコンテストでは各（かく）クラスの代表（だいひょう）が＿＿＿＿＿とスピーチをしました。

②弟はサッカーの選手（せんしゅ）です。昨日、試合を見に行きました。弟のチームは、もう少しで負けそうだったので＿＿＿＿＿しましたが、さいごに勝ちました。

③午後から急に雪がふってきました。寒かったので、くびにマフラーを＿＿＿＿＿まいて帰ってきました。

④力士たちは試合の前に＿＿＿＿＿塩を土俵にまきます。

ぐるぐる　どうどう　ハラハラ　パッと

III．下の質問に答えなさい。

①日本ですもうと同じくらい、人気があるスポーツは何ですか。

②力士はどんなヘア・スタイルをして、腰にどんなものをしめていますか。

③「行司」は何をする人ですか。どんな服そうをしていますか。

④すもうが見て楽しいスポーツなのは、どうしてですか。

⑤すもうの勝負では、「負け」はどのようにして決めますか。

⑥すもうには何種類の技がありますか。

⑦すもうのランクは、どのように分かれていますか。

⑧すもうの試合は何と呼ばれ、１年に何回行なわれますか。

⑨東京の試合はどこで行われますか。

⑩国技館はどんな設備を持っていますか。

⑪試合はどのように行われますか。

⑫「けんしょう金」は何ですか。

⑬その日の試合が全部終わると、そのあとに何が行われますか。

⑭すもうのどういうところがおもしろいと思いますか。

⑮あなたの国の伝統的なスポーツは何ですか。

20課　テスト（　）月（　）日　クラス＿＿＿＿　名前＿＿＿＿＿＿＿＿＿＿

／100

Ⅰ．次の漢字をひらがなで書きなさい。　②×10＝⑳

1．独特（　　　　　　）　2．勝（　　　　　　）つ　3．幕内（　　　　　　）
4．近代的（　　　　　　）　5．腰（　　　　　　）　6．舞台（　　　　　　）
7．指示（　　　　　　）　8．人気（　　　　　　）　9．旗（　　　　　　）
10．清（　　　　　　）める

Ⅱ．（　）の中にひらがなを１字ずつ入れなさい。　②×10＝⑳

1．オリンピックでは世界中の選手（　）技（　）競います。
2．力士は試合前（　）塩（　）まいて、土俵（　）清めます。
3．試合（　）終わると、弓を持った力士が出てきます。
4．すもうの試合は年（　）６回、定期的（　）あります。
5．おそくなったが走ったので、授業（　）間（　）合った。

Ⅲ．＿＿＿＿に右からことばを一つ選んで書きなさい。　⑤×６＝㉚

1．人気が＿＿＿＿＿＿＿＿
2．まわしを＿＿＿＿＿＿＿＿
3．けんしょう金が＿＿＿＿＿＿＿＿
4．勝負を＿＿＿＿＿＿＿＿
5．スポンサーが＿＿＿＿＿＿＿＿
6．当日券を＿＿＿＿＿＿＿＿

（つく／買う／する／しめる／ある／出る）

Ⅳ．次のことばを説明した文を、右から一つ選んで記号を（　）に書きなさい。　④×５＝⑳

1．まげ	（　）	a．すもうの試合の進行と審判をする人
2．行司	（　）	b．すもうの試合をする円い形をした場所
3．まわし	（　）	c．力士の最高のランク
4．土俵	（　）	d．力士のヘア・スタイル
5．横綱	（　）	e．力士が腰のまわりにしめるもの

Ⅴ．次の文を完成しなさい。　⑤×２＝⑩

1．旅行から帰ってきたとたん＿＿＿＿＿＿＿＿＿＿＿＿＿＿＿＿
2．語学の勉強では、聞くことは、話すことと同じくらい＿＿＿＿＿＿＿＿
＿＿＿＿＿＿＿＿＿＿＿＿＿＿＿＿＿＿＿＿

21課　力士をめざす留学生*

たくさんのスポーツの中で、すもうは一番日本的・伝統的スポーツです。しかしこの世界にも外国の人たちが増えてきました。たとえば高見山、小錦、曙はハワイ生まれの力士です。この中で一番先輩の高見山は、もう引退して後輩の指導をしています。あとの二人は現役で、がんばっています。

さて、中国からのすもう界入りは、上海から来たハンさんが初めてです。それで、新聞にも写真入りで大きく紹介されました。ハンさんは、日本語学校の留学生です。学生時代から、バスケットボールの選手として活躍していたスポーツマンです。ハンさんのお姉さんも、今、日本で活躍している有名な卓球の選手です。このハンさんが、テレビで、すもうを見て、たいへんきょうみを持ちました。若松親方（元大関の朝潮。両国で若松部屋を開いて弟子を指導している人）にぐうぜん会い、おねがいして、弟子になりました。ハンさんは、身長が186センチで体重が91キロのりっぱな体格です（すもうの入門の資格は身長173センチ・体重75キロ以上です）。

1990年11月の九州場所で新弟子検査を受けました。それからは若松部屋に住んで、力士の訓練を受けています。弟子入り直後は、すもう学校にも通ったそうです。午前中はすもうのれんしゅうをして、午後は日本語学校へ通います。髪をのばし始め、きものを着てげたをはいて学校へ来るハンさんは、急に一まわり大きく見えて、もうりっぱな「力士の卵」です。さてそのハンさんにインタビューをしてみました。

Q：ハンさん、すもう部屋の生活はいかがですか。1日のスケジュールはどうですか。

ハン：場所のある時は朝7時に起きて、9時半までけいこをして、10

時半に朝食を食べて、午後からは自由です。それで日本語を勉強しています。夕食は6時に食べます。

Q：では場所のない時は？

ハン：6時半に起きて11時半までけいこして、朝食は昼の12時に食べます。午後は同じです。

Q：部屋には何人ぐらい弟子がいますか。そうじやせんたくは？

ハン：10人がいっしょに生活しています。部屋のそうじはわたしが一人でします。せんたくは各自がします。

Q：すもう部屋での名前は？

ハン：「海宝」と言います

Q：ハンさんはバスケットボールの選手として活躍していたそうですが、ハンさんにとって、すもうはどんなスポーツですか。

ハン：すもうはおもしろいスポーツだと思います。

Q：すもうの世界は実力の世界で大変にきびしいと言います。それだけではなく、日本人の習慣に慣れることも大変だと思いますが、いかがですか。

ハン：わたしは体も大きいですし、やる気も十分あります。がんばれると思います。

ハンさんは大きな体で礼儀正しく元気に答えてくれました。これからのハンさんの活躍を期待したいと思います。

ハンさん
若松親方

語句と漢字

留学生(りゅうがくせい)	力士(りきし)	誕生(たんじょう)	すもう	日本的(にほんてき)
伝統的(でんとうてき)	世界(せかい)	外国人(がいこくじん)	増(ふ)える	生(う)まれ
高見山(たかみやま)	小錦(こにしき)	曙(あけぼの)	先輩(せんぱい)	引退(いんたい)
後輩(こうはい)	指導(しどう)	現役(げんえき)	～界(かい)	～入(い)り
上海(シャンハイ)	新聞(しんぶん)	写真(しゃしん)	紹介(しょうかい)	～時代(じだい)
選手(せんしゅ)	活躍(かつやく)する	お姉(ねえ)さん	有名(ゆうめい)(な)	卓球(たっきゅう)
きょうみ	若松親方(わかまつおやかた)	元(もと)～	大関(おおぜき)	朝潮(あさしお)
両国(りょうごく)	～部屋(へや)	開(ひら)く	弟子(でし)	指導(しどう)
ぐうぜん	身長(しんちょう)	体重(たいじゅう)	体格(たいかく)	資格(しかく)
九州場所(きゅうしゅうばしょ)	新弟子検査(しんでしけんさ)	訓練(くんれん)	直後(ちょくご)	すもう学校(がっこう)
通(かよ)う	髪(かみ)	午前中(ごぜんちゅう)	午後(ごご)	のばす
げた	一(ひと)まわり	りっぱ(な)	卵(たまご)	けいこ
自由(じゆう)(な)	昼(ひる)	各自(かくじ)	海宝(かいほう)	実力(じつりょく)
きびしい	習慣(しゅうかん)	慣(な)れる	やる気(き)	十分(じゅうぶん)
礼儀(れいぎ)	活躍(かつやく)	期待(きたい)		

ハワイ(Hawaii)　　アジア(Asia)

バスケットボール(basketball)　　スポーツマン(soprtsman)

インタビュー(interview)　　スケジュール (schedule)

れんしゅう

Ⅰ．文型

例①②のように③の文を完成させなさい。④は自分で考えて作りなさい。

1．～の中で(は)、～は一番～

①たくさんのスポーツの中で、すもうは一番日本的、伝統的スポーツです。

②食べ物の中で、すしは一番好きな食べ物です。

③勉強の中で＿＿＿＿＿＿＿＿＿＿＿＿＿＿＿＿＿＿＿＿

④＿＿＿＿＿＿＿＿＿＿＿＿＿＿＿＿＿＿＿＿＿＿＿＿

2．～直後は～

①弟子入り直後は、すもう学校にも通ったそうです。

②母が入院した直後に、＿＿＿＿＿＿＿＿＿＿＿＿＿＿＿＿

③日本へ来た直後は、＿＿＿＿＿＿＿＿＿＿＿＿＿＿＿＿＿

④＿＿＿＿＿＿＿＿＿＿＿＿＿＿＿＿＿＿＿＿＿＿＿＿

3．～(形容詞) 見える／見えて～

①ハンさんは急に大きく見えて、もうりっぱな力士の卵です。

②白いウェディングドレスを着た友だちは、とてもきれいに見えました。

③初めて漢字を勉強する人には、漢字は＿＿＿＿＿＿＿＿＿＿＿

④＿＿＿＿＿＿＿＿＿＿＿＿＿＿＿＿＿＿＿＿＿＿＿＿

Ⅱ．ことばの使い方

1．□の中のことばを一つ選んで、適当な形にして＿＿＿に書きなさい。

①すもうは、日本の＿＿＿＿＿なスポーツですが、さいきんでは、外国人の＿＿＿＿＿＿もふえてきました。

②毎年、冬休みにはスキーに行く兄が、今年の冬は受験勉強があるので、＿＿＿＿＿＿く、家にいます。

③すもうのけいこをする時には先(さき)に弟子いりした＿＿＿＿＿が、新しく入ってきた＿＿＿＿＿を＿＿＿＿＿します。

④弟は中学生ですが、＿＿＿＿＿が180センチ、＿＿＿＿＿が70キロもあり、

りっぱな＿＿＿＿＿をしています。

⑤親方は15年間、現役でがんばっていましたが、昨年、＿＿＿＿＿して、今は＿＿＿＿＿を指導しています。

⑥子どもの時は、髪を短く切っていましたが、今は長い髪が好きなので、長く＿＿＿＿＿ています。

⑦月曜日から金曜日まで、日本語学校に、＿＿＿＿＿て勉強しています。日曜日は１日、＿＿＿＿＿に使える日なので、好きなことをします。

⑧わたしは、日本のきものが好きですが、＿＿＿＿＿をはくと、足が痛くなるので、きものを着て外に出かけることができません。

⑨中国人が、すもう界に入るのは初めてなので、テレビや＿＿＿＿＿からインタビューを受け、＿＿＿＿＿をとられて、大きく＿＿＿＿＿されました。

⑩わたしは外国の生活にとても＿＿＿＿＿をもっています。将来(しょうらい)は通訳(つうやく)の＿＿＿＿＿をとって、外国で仕事がしたいです。

先輩　弟子　げた　きょうみ　新聞　後輩　力士　体格 のばす　自由　紹介　珍しい　指導　伝統的　体格　引退 通う　資格　写真　体重

２．次の文を読んで、（　）にひらがなを１字ずつ入れなさい。

①日本人だけが働いている会社（　）、外国人（　）入る（　）は、珍しい（　）（　）です。

②わたしは今まで（　）、五つの国で生活をしました。

③わたしの家族は６人です。両親と姉は大阪(おおさか)（　）住んでいますが、あと（　）３人は東京（　）仕事をしています。

④外国へ行くのは、日本（　）初めてです。

⑤姉は今、テニスの選手（　）してアメリカの大学へ留学しています。

⑥日本の伝統的なスポーツにきょうみ（　）持っている外国人は多いです。

⑦弟は、毎日、親方（　）お願いして、やっと弟子（　）してもらいました。

⑧今年は、横浜(よこはま)の大学（　）、日本語能力試験(のうりょくしけん)（　）受けました。

⑨日本のすもうは有名です。外国の新聞（　）（　）写真入り（　）大きく紹介されました。

⑩学生時代は映画が好きだったので、毎週、映画館（　）通いました。

⑪日本語は、初級はやさしいと思いましたが、中級になる（　）、急（　）むずかしくなりました。

⑫「今日のテスト（　）どうですか」「昨日は朝６時（　）起きて、夜は12時（　）（　）勉強したので、だいじょうぶです」

⑬この学校の学生は、いつも明るく元気（　）あいさつをしてくれます。

３．次のことばを使って短文を作りなさい。

①珍しい　＿＿＿＿＿＿＿＿＿＿

②自由(な)　＿＿＿＿＿＿＿＿＿＿

③きょうみ　＿＿＿＿＿＿＿＿＿＿

④ぐうぜん　＿＿＿＿＿＿＿＿＿＿

III．下の質問に答えなさい。

①今までにすもうの世界に入った外国人は、どんな人がいますか。

②ハンさんはどこの国の人ですか。

③ハンさんは学生時代に何の選手をしていましたか。

④ハンさんのお姉さんは、今、どこで何をしていますか。

⑤ハンさんが、力士になりたいと思ったのは、どうしてですか。

⑥ハンさんはだれに弟子入りしましたか。

⑦ハンさんは、どんな体格をしていますか。

⑧ハンさんの一日は、どんなスケジュールですか。

⑨ハンさんのすもう部屋での名前は何といいますか。

⑩あなたは、すもうのほかに、どんな日本の伝統的なスポーツを知っていますか。

⑪あなたの国にはどんな伝統的なスポーツがありますか。

21課　テスト（　）月（　）日　クラス＿＿＿＿名前＿＿＿＿＿＿＿＿

／100

Ⅰ.次の漢字をひらがなで、英語をカタカナで書きなさい。　②×10＝⑳

1．現役（　　　　　　）2．親方（　　　　　　）3．体格（　　　　　　）

4．身長（　　　　　　）5．期待（　　　　　　）6．引退（　　　　　　）

7．卓球（　　　　　　）8．実力（　　　　　　）

9．sportsman（　　　　　　　　）10．Hawaii（　　　　　　　）

Ⅱ.（　）の中にひらがなを1字ずつ入れなさい。　②×10＝⑳

1．外国人の力士は、新聞（　）写真入（　）で大き（　）紹介（　）れた。

2．わたしの兄は、学生時代から、選手（　）して活躍（　）（　）いました。

3．「力士の卵」は、髪をのば（　）始め、きものを着（　）げたをはく。

4．わたしは、社長（　）お願いして、やっと社員（　）してもらいました。

Ⅲ.下からことばを一つ選んで＿＿＿＿＿に書きなさい。　④×5＝⑳

1．わたしは絵に＿＿＿＿＿があるので、時々てんらん会に行きます。

2．学生各自が＿＿＿＿＿なテーマでスピーチをした。

3．きのう、銀座のレストランで、大学の＿＿＿＿＿に会った。

4．あの人は、実力も＿＿＿＿＿も＿＿＿＿＿にあります。

〔ぐうぜん　自由　きょうみ　やる気　習慣　活躍　後輩　一まわり　十分〕

Ⅳ.次の文を完成しなさい。　⑤×4＝⑳

1．スポーツの中では＿＿＿＿＿が一番＿＿＿＿＿＿＿＿＿＿＿＿＿＿＿＿

2．きのうのパーティーで、あなたは＿＿＿＿＿＿＿＿＿＿＿＿＿見えました。

3．アルバイトを始めた直後は＿＿＿＿＿＿＿＿＿＿＿＿＿＿＿＿＿＿＿＿＿

4．＿＿＿＿＿＿＿＿＿＿＿＿＿＿＿＿＿＿＿＿＿＿＿＿を期待しています。

Ⅴ.質問に答えなさい。　⑩×2＝⑳

1．日本の伝統的なスポーツであるすもうにきょうみがありますか。

＿＿＿＿＿＿＿＿＿＿＿＿＿＿＿＿＿＿＿＿＿＿＿＿＿＿＿＿＿＿＿＿＿＿

2．スポーツを見るのとするのとどちらのほうが好きですか。

＿＿＿＿＿＿＿＿＿＿＿＿＿＿＿＿＿＿＿＿＿＿＿＿＿＿＿＿＿＿＿＿＿＿

22課　駅の売店で*

　わたしは駅に着いて、電車に乗る前に電話をかけようと思い、財布を出しました。ところが、10円玉がありません。わたしは売店へ急いで行って、
「すみません。テレホンカード、ありませんか」
とたずねました。
「あるよ。いくらの」
と店の人が言いました。わたしは思わず店の人の顔を見ました。その人は若い男性で、明るい感じの人でした。
「500円のがほしいんですが」
「ないよ。1000円のだけだ」
「じゃ、1000円のをください」
店の人はわたしのほうにテレホンカードをだまってさし出しました。
わたしは1000円札を出しながら、
「どうもありがとう」
と言おうとしましたが、何だか変な気がして、
「どうも」
と言って、テレホンカードを受け取りました。
　また別の日、中年の女性が駅員に、
「あのう、ちょっとおたずねいたしますが、東京駅に行くには何番線の電車に乗ったらよろしいのでしょうか」
と聞いているのを見ました。駅員が、
「6番線」
と答えると、その女性は、
「ごていねいにどうもありがとうございます」

と言って、おじぎをしました。わたしはいったい何がごていねいなのだろうか、と考えてしまいました。

普通、知らない人と話す時には、「～です」「～ます」のていねい体を使ったり、敬語を使ったりします。それに対して、相手の人も同じようにていねい体や敬語で答えるのが普通です。そして、店の人と客が話す時には、店の人のほうが客よりもていねいなことばを使うことが多いようです。

しかし、そうではない場合もあります。敬語を使って話しかけても普通体で答えが返ってきたりします。そんな時、あなたなら、どうしますか。相手の人に合わせてあなたもことばを変えますか。

わたしたちは、普通体は友達同士や家族の中など親しい人たちの間で使うと、勉強しました。ですから、皆さんが駅員や店の人などと話す時には、ていねい体を使ったほうがいいのです。いつも相手の人と同じレベルのことばを使わなければならない、ということはないのです。そして、駅員や店の人も本当はていねい体を使うべきなのです。

語句と漢字

駅(えき)	売店(ばいてん)	着(つ)く	電車(でんしゃ)
乗(の)る前(まえ)	電話(でんわ)	①財布(さいふ)	～玉(だま)
急(いそ)ぐ	たずねる	店(みせ)の人	思(おも)わず
顔(かお)	若(わか)い	男性(だんせい)	明(あか)るい
感(かん)じ	だまる	②さし出(だ)す	③～札(さつ)
変(へん)な気(き)	④受(う)け取(と)る	別(べつ)の日(ひ)	中年(ちゅうねん)
女性(じょせい)	駅員(えきいん)	東京駅(とうきょうえき)	～番線(ばんせん)
乗(の)る	ていねい(体(たい))	⑤おじぎ	普通(ふつう)(体(たい))
使(つか)う	敬語(けいご)	対(たい)して	相手(あいて)
客(きゃく)	場合(ばあい)	話(はな)しかける	返(かえ)る
合(あ)わせる	ことば	友達同士(ともだちどうし)	親(した)しい
間(あいだ)	皆(みな)さん	本当(ほんとう)	べき

⑥テレホンカード (telephone card)

レベル (level)

①

②

③

④

⑤

⑥

れんしゅう

Ⅰ．文型

例文①②のように③の文を完成させなさい。④は自分で考えて作りなさい。

1．ところが～

①電車に乗る前に電話をかけようと思い財布を出しました。ところが、10円玉がありません。

②きのう図書館へ行きました。ところが、図書館（としょかん）は休みでした。

③晴（は）れていたので洗たくをしました。ところが、＿＿＿＿＿＿＿＿

④＿＿＿＿＿＿＿＿

2．思わず～

①「あるよ。いくらの」と店の人が言いました。わたしは思わず店の人の顔を見ました。

②びっくりして思わず手に持っていたコップを落（お）としてしまいました。

③一番入りたかった大学に合格（ごうかく）しました。うれしかったので思わず＿＿＿＿

④＿＿＿＿＿＿＿＿

3．～たら～

①東京駅に行くには何番線の電車に乗ったらよろしいのでしょうか。

②12時になったらいっしょに食事に行きましょう。

③テストが終わったら＿＿＿＿＿＿＿＿

④＿＿＿＿＿＿＿＿

4．～に対して

①わたしたちがていねい体で話したのに対して、相手の人も同じようにていねい体で答えました。

②お客さんに対してそんなことばを使ってはいけません。

③先生の質問に対して＿＿＿＿＿＿＿＿

④＿＿＿＿＿＿＿＿

5．～べき

①駅員や店の人も本当はていねい体を使うべきなのです。

②悪いことをしたのはあなたですから、あなたがあやまるべきです。

③学生は、まず＿＿＿＿＿＿＿＿＿＿＿＿＿＿＿＿＿＿＿＿＿＿＿＿

④＿＿＿＿＿＿＿＿＿＿＿＿＿＿＿＿＿＿＿＿＿＿＿＿＿＿＿＿＿

II．ことばの使い方

1．□の中のことばを一つ選んで、適当な形にして＿＿＿に書きなさい。

①ビルの前に人がおおぜい集(あつ)まっています。＿＿＿＿＿何があったのでしょう。

②わたしは＿＿＿＿＿朝8時ごろ家を出ますが、今朝(けさ)は電話がかかってきたので、8時半ごろ家を出ました。

③この店の店員は「いらっしゃいませ」も「ありがとうございました」も言わない。こんな＿＿＿＿＿が悪い店には2度と来たくない。

④知らない人に敬語を使って＿＿＿＿＿ても普通体で答えが返ってくることがあります。

⑤わたしの子どもは、今、3さいですが、テレビから好きな音楽(おんがく)が聞こえてくると、それに＿＿＿＿＿ていっしょに歌(うた)を歌います。

⑥日本語では友達や家族と話す時と、会社や学校で目上(めうえ)の人に話す時とでは、＿＿＿＿＿を変えます。

⑦駅へ行く道がわからなかったので、たばこ屋(や)さんで＿＿＿＿＿と、たいへん＿＿＿＿＿に教(おし)えてくれた。おかげですぐに駅がわかった。

⑧日本人は初めて会った人にあいさつをする時は、あくしゅではなく＿＿＿＿＿をします。

⑨今朝、国の母からの手紙を＿＿＿＿＿りました。

ことば　感じ　合わせる　いったい　おじぎ　受け取る　話しかける　たずねる　普通　ていねい

2．次の文を読んで、（　）にひらがなを1字ずつ入れなさい。

①食事(しょくじ)をする前（　）、宿題(しゅくだい)をしよう（　）思い、本とノート（　）出しました。

②「24枚どりのフィルムを１本ください」「36枚どり（　）しかありません」

③デパートで店員（　）、ネクタイ売り場（　）たずねると、親切におしえてくれた。

④父はわたし（　）対して特にきびしいです。

⑤敬語を使って話しかけたら、敬語（　）答えるの（　）普通です。

３．次のことばを使って短文を作りなさい。

①さし出す　＿＿＿＿＿＿＿＿＿＿＿＿＿＿＿＿＿＿＿＿＿＿＿＿

②合わせる　＿＿＿＿＿＿＿＿＿＿＿＿＿＿＿＿＿＿＿＿＿＿＿＿

③急ぐ　＿＿＿＿＿＿＿＿＿＿＿＿＿＿＿＿＿＿＿＿＿＿＿＿

④着く　＿＿＿＿＿＿＿＿＿＿＿＿＿＿＿＿＿＿＿＿＿＿＿＿

III．下の質問に答えなさい。

①筆者（この文を書いた人）はどこで電話をかけようとしましたか。

②筆者はどこでテレホンカードを買おうとしましたか。

③テレホンカードを買おうとして、どうして思わず店の人の顔を見ましたか。

④どうして「どうもありがとう」と言おうとして、変な気がしたのですか。

⑤中年の女性が駅員に「ごていねいにどうもありがとうございます」と言ったのを聞いて筆者はどう思いましたか。

⑥わたしたちは普通知らない人と話す時、どんなことばを使いますか。

⑦あなたが普通体を使うのはどんな時ですか。

⑧あなたがていねい体を使うのはどんな時ですか。

⑨あなたは知らない人と話す時、相手の人のことばに合わせて、あなたもことばを変えますか。

⑩わたしたちは知らない人と話す時、どんなことばを使ったら一番いいでしょうか。

22課　テスト（　）月（　）日　クラス＿＿＿＿名前＿＿＿＿＿＿＿＿＿＿

／100

Ⅰ.次の漢字をひらがなで書きなさい。　②×10＝⑳

1．顔（　　　　）2．客（　　　　）3．返（　　　　）る　4．感（　　　　）じ

5．財布（　　　　）6．敬語（　　　　）7．中年（　　　　）

8．売店（　　　　）9．普通体（　　　　）10．本当（　　　　）

Ⅱ.（　）の中にひらがなを１字ずつ入れなさい。　②×10＝⑳

1．36枚（　）（　）のフィルム（　）10本ください。

2．新幹線のホームは14番線（　）（　）19番線（　）（　）です。

3．敬語を使って話しかけ（　）（　）、敬語（　）答えるの（　）普通です。

4．父はわたし（　）対し（　）やさしい（　）時々きびしいこともあります。

Ⅲ.下からことばを一つ選んで適当な形にして＿＿＿＿に書きなさい。　③×10＝㉚

1．日本人は初めて人に＿＿＿＿をする時は＿＿＿＿をします。

2．店の人と客が話す時には、店の人の＿＿＿＿が客よりも＿＿＿＿を使う。

3．何だか変な＿＿＿＿て、＿＿＿＿と言ってカードを＿＿＿＿ました。

4．＿＿＿＿に＿＿＿＿て思わず歌を＿＿＿＿てしまいました。

（あいさつ　受け取る　おじぎ　気がする　合わせる
ピアノ　「どうも」　歌う　ほう　ていねい体）

Ⅳ.a.とb.の文を、ていねい体で書きなさい。　③×２＝⑥

「すみません。テレホンカード、ありませんか」

a．「あるよ。いくらの」＿＿＿＿＿＿＿＿＿＿

「1000円のがほしいんですが」

b．「ないよ。3000円のだけだ」＿＿＿＿＿＿＿＿＿＿

Ⅴ.次のことばを使って短文を作りなさい。　⑦×２＝⑭

1．さし出す＿＿＿＿＿＿＿＿＿＿

2．急ぐ＿＿＿＿＿＿＿＿＿＿

Ⅵ. 先生や、知らない人と話す時には、どんな言葉を使ったらいいですか。　⑩

＿＿＿＿＿＿＿＿＿＿＿＿＿＿＿＿＿＿＿＿

23課　日本語のあいまいさ*

電車の中で二人の学生が話しています。

男子学生「あした、映画行かない」

女子学生「あしたは、ちょっと……」

この会話を聞いて、あなたは、女子学生は映画へ行くと思いますか、行かないと思いますか。「あしたは、ちょっと……」のあとには、どんなことばが続くと思いますか。「あしたは、ちょっと忙しくて行けない」「あしたは、ちょっとだめだけど、あさってなら行ける」など、いろいろ考えられます。この返事だけでは、はっきりわかりません。ところが、男子学生は「そう、残念だね。また今度いっしょに行こうね」と言いました。女子学生は、映画に行けない、と断っていたのです。

日本語では「できません」や「だめです」などの否定のことばをなるべく使わないようにします。自分のほうからはっきり断らなくても、相手の人が自分の気持ちをわかってくれるようにします。それは相手の人との親しい関係をこわさないようにとか、相手の人を傷つけない

ようにするため、とか言われています。それは「けっこうです」ということばの使い方を見てもわかります。

たとえば、訪問した家で、その家の人がお茶を出してくれました。

「お茶をもういっぱい、いかがですか」

「けっこうですね（もういっぱいいただきます）」

「お茶をもういっぱい、いかがですか」

「もうけっこうです（ほしくないです）」

このように同じ「けっこうです」が、反対の二つの意味を表すのです。日本人でもどちらの意味か、迷うことがあります。断る時には手ぶりや顔の表情でもはっきり断っていることを表したほうがいいでしょう。そのほかに「いいです」も、こういう使い方をします。

店員「お客さま、青いネクタイになさいますか。赤いネクタイになさいますか」

客　「そうですねえ。赤いのはいいです。青いのでいいです」

さて、このお客さんは、赤いネクタイと、青いネクタイと、どちらのネクタイをえらんだのでしょうか。

語句と漢字

あいまいさ	電車（でんしゃ）	学生（がくせい）	話（はな）す
男子学生（だんしがくせい）	映画（えいが）	女子学生（じょしがくせい）	ちょっと
会話（かいわ）	続（つづ）く	忙（いそが）しい	返事（へんじ）
はっきり	ところが	残念（ざんねん）	また
今度（こんど）	断（ことわ）る	だめ	否定（ひてい）
なるべく	相手（あいて）	気持（きも）ち	親（した）しい
関係（かんけい）	こわす	傷（きず）つける	けっこう
使（つか）い方（かた）	たとえば	①訪問（ほうもん）する	②お茶（ちゃ）
いかが	いただく	ほしい	同（おな）じ
反対（はんたい）	意味（いみ）	表（あらわ）す	迷（まよ）う
手ぶり	顔（かお）	表情（ひょうじょう）	お客（きゃく）さま
店員（てんいん）	青（あお）い	赤（あか）い	なさる
さて	えらぶ		

③ネクタイ (necktie)

①

②

③

れんしゅう

Ⅰ．文型

例文①②のように③の文を完成させなさい。④は自分で考えて作りなさい。

1．～なら

①あしたはちょっとだめだけど、あさってなら行ける。

②テレビを買うなら、秋葉原(あきはばら)が安くていいですよ。

③歯医者(はいしゃ)なら ________________

④________________

2．なるべく～

①日本語ではなるべく否定のことばを使わないようにします。

②日本へ留学する前に、なるべく日本についての本を読んで来てください。

③明日はなるべく ________________

④________________

3．～ため～

①相手の人との親しい関係をこわさないようにするためと言われています。

②工事(こうじ)のため、この道は通れません。

③日本の大学院で法律(ほうりつ)の勉強をするため ________________

④________________

4．～ことがある

①日本人でもどちらの意味か、迷うことがあります。

②疲れていて、朝起きられないことがあります。

③休みの日は、友達と________________

④________________

5．～たほうがいい

①はっきりと断っていることを表したほうがいいでしょう。

②病気(びょうき)になった時は、早く医者に行ったほうがいいですよ。

③日本へ留学する前に________________

④________________

II．ことばの使い方

1．［　　］の中のことばを一つ選んで、適当な形にして＿＿＿＿に書きなさい。

①パーティーに招待(しょうたい)されたが、その日は忙しくて行けないので＿＿＿＿＿＿ことにした。

②A大学とB大学を受験(じゅけん)したが、二つとも合格(ごうかく)した。どちらにしようか＿＿＿＿＿＿たが、B大学に決めた。

③大切にしていたラジオを、弟に＿＿＿＿＿＿てしまった。

④あしたは山登りをします。くつは、＿＿＿＿＿＿運動(うんどう)ぐつをはいてきてください。

⑤「目は心のまど」と言われている。目の＿＿＿＿＿＿で、思っていることがわかるということだ。

⑥わたしは夏休みに一人でアメリカに行くつもりでした。しかし、父が＿＿＿＿＿＿するのでやめました。

⑦お正月に先生の家を＿＿＿＿＿＿しましたが、先生はるすだったので、＿＿＿＿＿＿でした。

⑧日本では＿＿＿＿＿＿友人を呼ぶ時でも名前ではなく、名字(みょうじ)で呼ぶことが多い。

⑨友達の結婚式に、母が＿＿＿＿＿＿でくれた服を着て行きました。

⑩外国へ行って、その国のことばが話せなくても、身ぶりや＿＿＿＿＿＿で、言いたいことが相手にわかることがあります。

残念	反対	断る	訪問	手ぶり	迷う	なるべく
えらぶ	親しい	こわす	表情			

2．次の文を読んで、（　）にひらがなを1字ずつ入れなさい。

①土曜日は、用事(ようじ)（　）あるので出かけますが、日曜日（　）家にいますから電話をください。

②今日は1日中、雨が降っています（　）明日は晴(は)れるの（　）しょうか。

③売店から駅まで、宝くじを買う人の列（　）長く続いていた。

④テストは10時に始まりますから、9時半には学校へ来るよう（　）してく

ださい。

⑤父がわたしの気持ち（　）わかってくれたので、うれしかった。

⑥「けっこうです」ということばは二つの意味（　）表します。

⑦そのほか（　）、質問はありませんか。

⑧「お飲みものは、何（　）なさいますか」「コーヒー（　）いいです」

⑨わたしは午後、大学へ願書(がんしょ)を出しに行くので、授業に出なく（　）（　）いいですか。

⑩明日は社員旅行の（　）（　）、会社は休みになります。

3．次のことばを使って短文を作りなさい。

①ところが ＿＿＿＿＿＿＿＿＿＿＿＿＿＿＿＿

②気持ち ＿＿＿＿＿＿＿＿＿＿＿＿＿＿＿＿

③忙しい ＿＿＿＿＿＿＿＿＿＿＿＿＿＿＿＿

④同じ ＿＿＿＿＿＿＿＿＿＿＿＿＿＿＿＿

⑤はっきり ＿＿＿＿＿＿＿＿＿＿＿＿＿＿＿＿

III．下の質問に答えなさい。

①女子学生は映画へ行きますか、行きませんか。

②日本人は、断る時には否定のことばを使いますか。

③日本人は、断る時には、どのようにして自分の気持ちを相手の人に伝えますか。

④日本人が、否定のことばをなるべく使わないのはどうしてですか。

⑤「けっこうです」にはどんな意味がありますか。

⑥「いいです」にはどんな意味がありますか。

⑦「けっこうです」「いいです」を使う時には、どんなことに気をつけますか。

⑧あなたは日本人と話していて、相手の返事の意味がわからなくて困ったことがありますか。

⑨あなたの国では、断る時には、どういう言い方をしますか。

⑩あなたの国でも、「けっこうです」「いいです」のように、反対の二つの意味に使われることばがありますか。

23課　テスト（　）月（　）日　クラス＿＿＿名前＿＿＿＿＿＿＿＿

／100

Ⅰ.次の漢字をひらがなで書きなさい。　②×10＝⑳

1．残念（　　　　　）　2．映画（　　　　　）　3．反対（　　　　　）

4．表情（　　　　　）　5．返事（　　　　　）　6．迷（　　　　　）う

7．関係（　　　　　）　8．男子・女子学生（　　　　　　　　　）

9．相手（　　　　　）　10．意味（　　　　　）

Ⅱ.（　）の中にひらがなを１字ずつ入れなさい。　②×10＝⑳

1．大学院（　）法律の勉強をする（　）（　）日本に来ました。

2．今日は一日中雨（　）降っていて（　）、明日は晴れる（　）しょう。

3．土曜日は用事（　）あるので出かける（　）、日曜日（　）家（　）います。

4．なるべく早（　）帰って来てください。

Ⅲ.下からことばを一つ選んで適当な形にして＿＿＿＿＿に書きなさい。　③×７＝㉑

1．＿＿＿＿＿＿＿＿家で、その家の人がお茶を＿＿＿＿＿＿＿＿ました。

2．山登りには、＿＿＿＿＿＿＿＿運動ぐつを＿＿＿＿＿＿＿＿ください。

3．＿＿＿＿＿や＿＿＿＿＿の表情でも＿＿＿＿＿断っていることがわかります。

〔顔　はいてくる　手ぶり　出してくれる　訪問する　なるべく　はっきり〕

Ⅳ.ａ.はどんな意味で、ｂ.はどちらですか。　⑤×２＝⑩

「あした、映画行かない」

ａ.「あしたは、ちょっと……」　＿＿＿＿＿＿＿＿＿＿＿＿＿＿

「赤いのはいいです。青いのでいいです。」

ｂ.どちらのネクタイを選びましたか　＿＿＿＿＿＿＿＿＿＿＿＿

Ⅴ.＿＿＿＿＿のことばを敬語に書きかえなさい。　⑤×３＝⑮

ａ.「ビールをもういっぱい、どうですか」　＿＿＿＿＿＿＿＿＿＿＿＿

ｂ.「ええ、のみます」　＿＿＿＿＿＿＿＿＿＿＿＿

ｃ.「どちらのかばんにしますか」　＿＿＿＿＿＿＿＿＿＿＿＿

Ⅵ.次のことばを使って短文を作りなさい。　⑦×２＝⑭

1．野球なら　＿＿＿＿＿＿＿＿＿＿＿＿＿＿＿＿＿＿＿＿＿＿＿＿

2．気持ち　＿＿＿＿＿＿＿＿＿＿＿＿＿＿＿＿＿＿＿＿＿＿＿＿＿

24課　日本のロボット*

現在、日本は世界一のロボット王国だと言われています。ロボットの研究・開発・使用がとてもさかんだからです。ロボットの研究をするために日本に来て、日本語の勉強を始めた学生もいます。

さて、ロボットということばが使われ始めたのは、20世紀に入ってからだそうです。けれども、もっと昔から機械で動く自動人形はありました。例えば、日本では17世紀の後半、1662年に大阪で作られた「からくり人形」が最古だそうです。この人形を使った芝居が行われていました。その後、「茶くみ人形」や、神社で「おみくじ」を運んでくる人形など、いろいろな自動人形が作られ、珍しがられました。これらの人形は、みんな時計の技術を応用して、作られたそうです。昔のロボットは、人間にそっくりな形で機械らしくありませんでした。ですから、とても親しみやすく、子どもにもおとなにも人気がありました。

最近のロボットは、最新の知識と技術を使って作られ、実用化されています。大企業や中小企業のいろいろな分野で使われています。現在はもうロボットの助けなしでは、日本の会社や工場は仕事を続けて

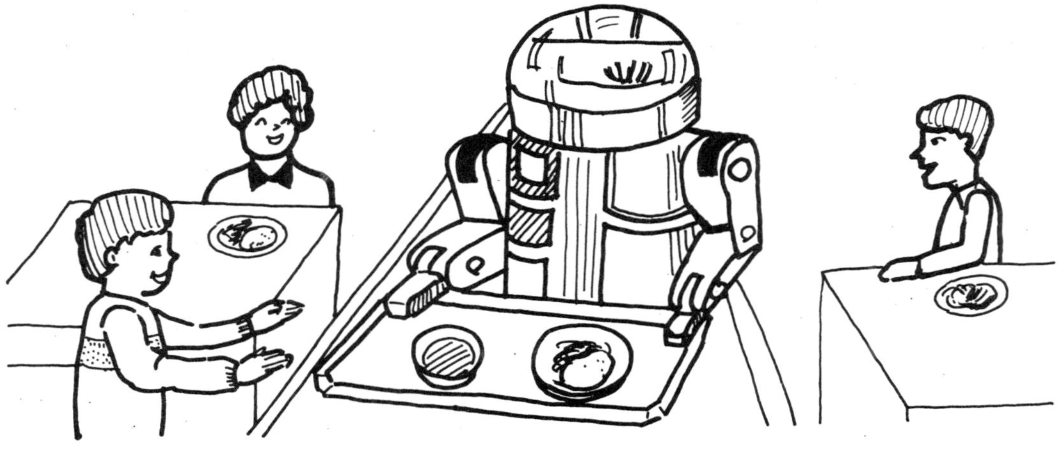

いけないほどです。今は人手不足なので、ロボットを使っても、失業する人はあまりいません。その上、危ない仕事や、夜の仕事、人の行けない所（例えば海の底）や長時間の単純労働などをロボットがしてくれるので、大助かりです。このごろのロボットは、いろいろな種類と形があります。とても変わっていて面白いロボットもあります。工場用だけでなく、レストランでウエイターをしたり、そうじをしたり、似顔絵を書いたり、盲導犬の代わりをしたり、おすしをにぎったりなど、もう人間がまけてしまいそうです。

手足を使って仕事をするだけでなく、人工知能を働かせたり、音声やことばをある程度理解するロボットもあります。これからも、どんどん新しい、すばらしいロボットが生まれてくるでしょう。

工場では、無人化をめざすところもあります。これからは、日本ばかりでなく、世界中で、ロボットのない生活は考えられなくなるでしょう。ロボットの日本語の先生やロボットの話し友達も出てくるかも知れませんね。皆さんはどう思いますか。

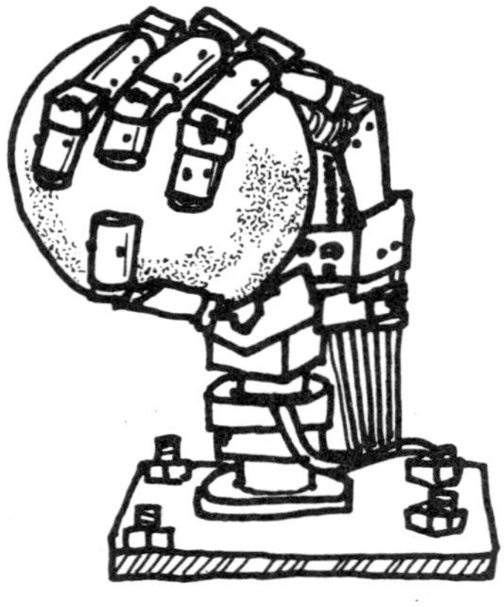

語句と漢字

現在（げんざい）	世界一（せかいいち）	王国（おうこく）	研究（けんきゅう）
開発（かいはつ）	使用（しよう）	さかん(な)	頭（あたま）
どんどん	おぼえる	卒業する（そつぎょう）	会社（かいしゃ）
～世紀（せいき）	もっと昔（むかし）	自動人形（じどうにんぎょう）	例えば（たと）
後半（こうはん）	大阪（おおさか）	からくり人形	最古（さいこ）
芝居（しばい）	①茶くみ人形（ちゃ）	神社（じんじゃ）	おみくじ
運ぶ（はこ）	珍しがる（めずら）	時計の技術（とけい ぎじゅつ）	応用する（おうよう）
和製（わせい）	機械（きかい）	そっくり(な)	おとな
親しむ（した）	人気がある（にんき）	最近（さいきん）	最新（さいしん）
知識（ちしき）	実用化する（じつようか）	分野（ぶんや）	大/中小企業（だい ちゅうしょうきぎょう）
助け（たす）	②工場（こうじょう）	続ける（つづ）	人手不足（ひとでぶそく）
失業する（しつぎょう）	危ない（あぶ）	仕事（しごと）	海の底（うみ そこ）
長時間（ちょうじかん）	単純労働（たんじゅんろうどう）	このごろ	種類と形（しゅるい かたち）
変わっている（か）	面白い（おもしろ）	似顔絵（にがおえ）	③盲導犬（もうどうけん）
代わり（か）	にぎる	まける	手足（てあし）
人工知能（じんこうちのう）	音声（おんせい）	ある程度（ていど）	理解する（りかい）
無人化（むじんか）	世界中（せかいじゅう）	生活（せいかつ）	

ロボット(robot)　レストラン(restaurant)

④ウエイター(waiter)

①

②

③

④

れんしゅう

Ⅰ．文型

例文①②のように③の文を完成させなさい。④は自分で考えて作りなさい。

1．～だと言われている

①現在日本は、世界一のロボット王国だと言われています。

②田中君はクラス一の勉強家だと言われているが、ほんとうですか。

③ふじ山は、＿＿＿＿＿＿＿＿＿＿＿＿＿＿＿＿

④＿＿＿＿＿＿＿＿＿＿＿＿＿＿＿＿

2．きっと～でしょう

①あの人は、いつか、きっと、すばらしいロボットを作るでしょう。

②星がたくさん見えるから、あしたはきっといい天気になるでしょう。

③山田さんは、やくそくをしたから、きっと＿＿＿＿＿＿＿＿＿＿＿＿＿＿＿＿

④＿＿＿＿＿＿＿＿＿＿＿＿＿＿＿＿

3．～ということば

①ロボットということばが使われ始めたのは、20世紀になってからです。

②朝シャンということばを知っていますか。

③カラオケ＿＿＿＿＿＿＿＿＿＿＿＿＿＿＿＿

④＿＿＿＿＿＿＿＿＿＿＿＿＿＿＿＿

4．動詞～タ形＋名詞（連体修飾）

①あの人は、ロボットを研究するために日本に来た学生です。

②きのう、パーティーで会った人は、日本語がとてもじょうずでした。

③先週、先生が＿＿＿＿＿＿＿＿＿＿＿＿＿＿＿＿

④＿＿＿＿＿＿＿＿＿＿＿＿＿＿＿＿

5．（動詞）だけでなく～

①ロボットは、動くだけでなく、考えたり、ことばを理解したりします。

②働くだけでなく、休日を楽しむことも考えてください。

③このロボットは、ことばを理解する＿＿＿＿＿＿＿＿＿＿＿＿＿＿＿＿

④＿＿＿＿＿＿＿＿＿＿＿＿＿＿＿＿

II．ことばの使い方

1．□の中のことばを一つ選んで、適当な形にして＿＿＿に書きなさい。

①日本は、まんがを読む人が多くて、まんが＿＿＿＿＿＿だと言われている。

②＿＿＿＿＿＿工場では、ロボットばかりが、昼も夜も働いています。

③すしやで、すしを＿＿＿＿＿＿ことができるロボットもいるそうです。

④学校を＿＿＿＿＿＿て、すぐ、日本へロボットの研究に来ました。

⑤ロボットは、長時間、単純な仕事を＿＿＿＿＿＿も、疲れません。

続ける	にぎる	卒業する	王国	無人化

2．次の文を読んで、（　）にひらがなを1字ずつ入れなさい。

①ロボット（　）いうことばは20世紀（　）入ってから、使われ始めた。

②昔のロボットは、人間にそっくり（　）、とても人気（　）ありました。

③盲導犬（　）代わり（　）するロボットは、目の不自由（　）人を助けます。

④今で（　）ロボット（　）いない生活（　）考えられません。

⑤お茶（　）運んでくる人形（　）「茶くみ人形」（　）呼ばれました。

3．次の説明(せつめい)と同じ意味のことばを□の中から選んで、＿＿＿に書きなさい。

①仕事がなくなること　＿＿＿＿＿＿

②一番古い　＿＿＿＿＿＿

③ある人にそっくりな顔をかいたもの　＿＿＿＿＿＿

④かんたんな仕事　＿＿＿＿＿＿

⑤最も新しい　＿＿＿＿＿＿

⑥みんなが好きな　＿＿＿＿＿＿

⑦このごろ　＿＿＿＿＿＿

⑧目の不自由な人の道案内(みちあんない)をする動物(どうぶつ)　＿＿＿＿＿＿

⑨神社で売っているうらない　＿＿＿＿＿＿

⑩日本で作られたもの　＿＿＿＿＿＿

最古	似顔絵	単純労働	人気のある	おみくじ
和製	最近	最新の	盲導犬	失業

4．次のことばを使って短文を作りなさい。

①世界一 ______________________________

②さかん ______________________________

③～がる ______________________________

④そっくり ______________________________

⑤～不足 ______________________________

III．下の質問に答えなさい。

①今までに、どんなロボットを見たことがありますか。

②あなたの国では、どんなところで、ロボットを応用していますか。

③ロボットのいい点は？

④ロボットの悪い点は？

⑤人間にはできないけれど、ロボットにできることは、例えばどんなことですか。

⑥これから、どんなロボットができるといいですか。

24課　テスト（　）月（　）日　クラス＿＿＿＿名前＿＿＿＿＿＿＿＿

／100

Ⅰ.次の漢字をひらがなで書きなさい。　②×11＝㉒

1．世界中（　　　　　）2．開発（　　　　　）3．自動人形（　　　　　）

4．珍（　　　　　）しがる　5．研究（　　　　　）6．卒業（　　　　　）

7．似顔絵（　　　　　）8．実用化（　　　　　）9．現在（　　　　　）

10．人手不足（　　　　　）11．盲導犬（　　　　　）

Ⅱ.（　）の中にひらがなを１字ずつ入れなさい。　②×10＝⑳

1．ロボット（　）いうことばは20世紀（　）入ってから、使われ始めました。

2．自動人形は時計（　）技術（　）応用して作られました。

3．人形は子ども（　）（　）おとな（　）（　）人気（　）ありました。

4．最近（　）映画に（　）ロボット（　）よく出てきます。

Ⅲ.下からことばを一つ選んで適当な形にして＿＿＿＿に書きなさい。　④×７＝㉘

1．すしを＿＿＿＿＿＿＿ことができるロボットもある＿＿＿＿＿＿＿。

2．これからも、＿＿＿＿＿すばらしいロボットが＿＿＿＿＿てくるでしょう。

3．＿＿＿＿＿＿＿に大阪で作られた＿＿＿＿＿＿＿が＿＿＿＿＿＿＿です。

（からくり人形　最古　生まれる　にぎる　どんどん
茶くみ人形　17世紀後半　ことがあります　そうです　最新）

Ⅳ.次の説明と同じ意味のことばを［　］から選んで書きなさい。　②×３＝⑥

1．仕事がなくなること　＿＿＿＿＿＿

2．目の不自由な人の道案内をする　＿＿＿＿＿＿

3．かんたんな仕事　＿＿＿＿＿＿

単純労働　音声　和製
盲導犬　失業　工場

Ⅴ.次の文を完成しなさい。　⑦×２＝⑭

1．写真をとったところは＿＿＿＿＿＿＿＿＿＿＿＿＿＿＿＿＿＿＿＿

2．となりの家の犬がさかんにほえるので＿＿＿＿＿＿＿＿＿＿＿＿＿＿

Ⅵ.ロボットのいい点と悪い点を書きなさい。　⑩

＿＿＿＿＿＿＿＿＿＿＿＿＿＿＿＿＿＿＿＿＿＿＿＿＿＿＿＿＿＿

25課　温泉と火山*

ジョン：日本に来ておどろいたのは、日本人の温泉好きだよ。テレビでもしょっちゅう、温泉を紹介する番組があるし。

はる子：そうね。日本にはそれだけ温泉の数も多いということなのよ。日本全国、温泉のない所はない、と言ってもいいぐらい、温泉はどこにでもあるわ。

ジョン：どうして日本は、こんなに温泉が多いんだろう。

はる子：それは「火山」と関係があるのよ。日本には山が多いでしょ。北から南まで火山が列のように並んでいて、温泉はこの火山の列にそってわき出しているの。

ジョン：温泉の種類もずいぶんたくさんあるね。

はる子：いろんな温泉があって、それぞれ効果がちがうのよ。胃腸の病気にきく温泉とか、高血圧にきく温泉とか……。そうそう、美人になる温泉もあって、女の人に人気があるのよ。

ジョン：ほんとう？　じゃあ、頭の良くなる温泉もあるかなあ。

日本の山の多くは火山のふん火でできました。地下の深いところにある、どろどろにとけた高温のマグマが地表にふき出してきて、いろいろな形の山を作りました。そのほかにも火山の活動によって、島ができたり、湖ができたりしています。日本の景色は変化があって美しい、と言われていますが、それは火山の活動のおかげです。たとえば、北海道の摩周湖(ましゅうこ)は、山の上にある美しい湖として有名ですが、この湖は火口の土地が下におちこんで、くぼんだところに水がたまってできたものです。これをカルデラ湖と言います。また、富士五湖は、火山がふん火した時のよう岩で、谷や川がせきとめられてできた湖です。

火山が列のように並んでいるものを、火山帯と言います。温泉はこの火山帯にわき出しています。温泉はお湯の中にふくまれている化学成分によって、ふつう11種類に分けられています。この化学成分を利用して、昔から温泉は病気の治療にもさかんに使われてきました。

美しい景色をながめ、温泉に入ってのんびりとしていると、自然に恵まれた日本のすばらしさが、だれでも感じられるでしょう。

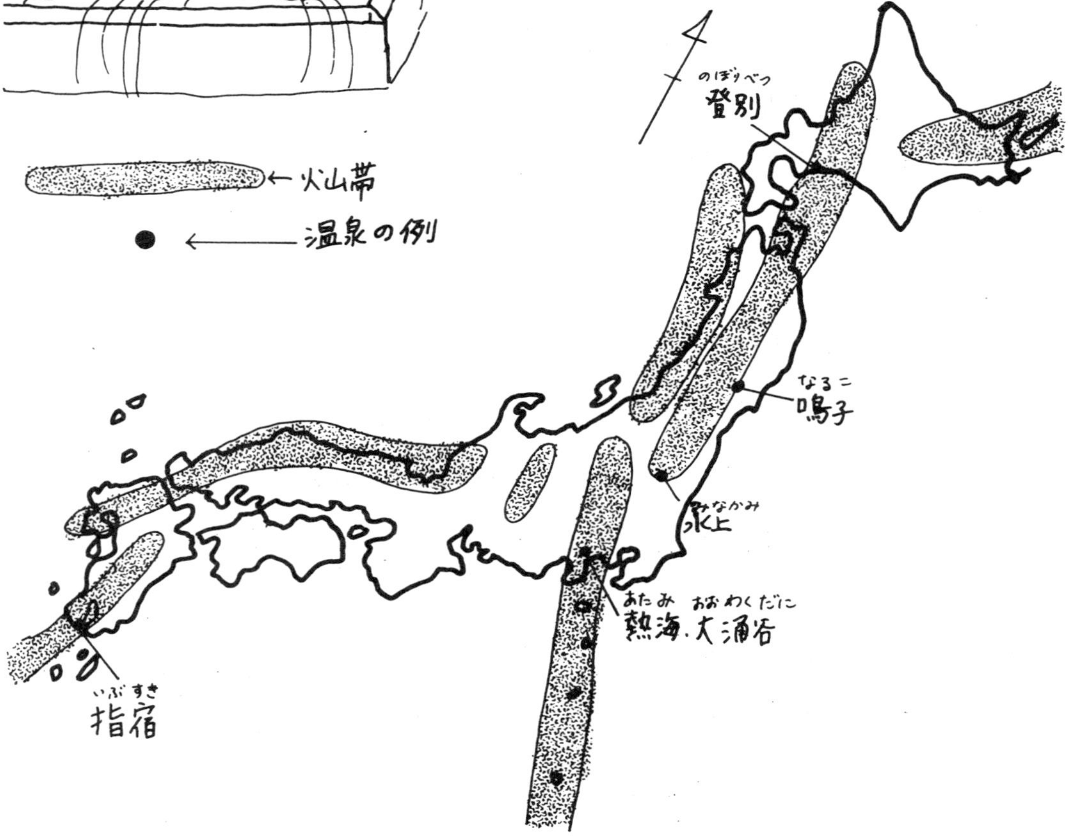

語句と漢字

温泉(おんせん)	①火山(かざん)	おどろく	～好き(ずき)
しょっちゅう	紹介(しょうかい)(する)	番組(ばんぐみ)	数(かず)
全国(ぜんこく)	関係(かんけい)	列(れつ)	並ぶ(ならぶ)
～(に)そって	わき出す(だす)	種類(しゅるい)	それぞれ
効果(こうか)	胃腸(いちょう)	病気(びょうき)	きく
高血圧(こうけつあつ)	そうそう	美人(びじん)	人気(にんき)
ほんとう	じゃあ	頭(あたま)	②ふん火(か)
地下(ちか)	深い(ふかい)	どろどろ	とける
高温(こうおん)	地表(ちひょう)	ふき出す(だす)	活動(かつどう)(する)
島(しま)	湖(みずうみ)	景色(けしき)	変化(へんか)(する)
美しい(うつくしい)	おかげ	たとえば	③北海道(ほっかいどう)
④摩周湖(ましゅうこ)	有名(ゆうめい)(な)	火口(かこう)	土地(とち)
おちこむ	くぼむ	たまる	～湖(こ)
富士五湖(ふじごこ)	よう岩(がん)	谷(たに)	せきとめる
火山帯(かざんたい)	ふくむ	化学成分(かがくせいぶん)	ふつう
分ける(わける)	利用(りよう)する	昔(むかし)	治療(ちりょう)(する)
さかん(な)	使う(つかう)	ながめる	のんびり
自然(しぜん)	恵まれる(めぐまれる)	すばらしさ	感じる(かんじる)

マグマ (magma)　⑤カルデラ (caldera)

①②

③　④

⑤

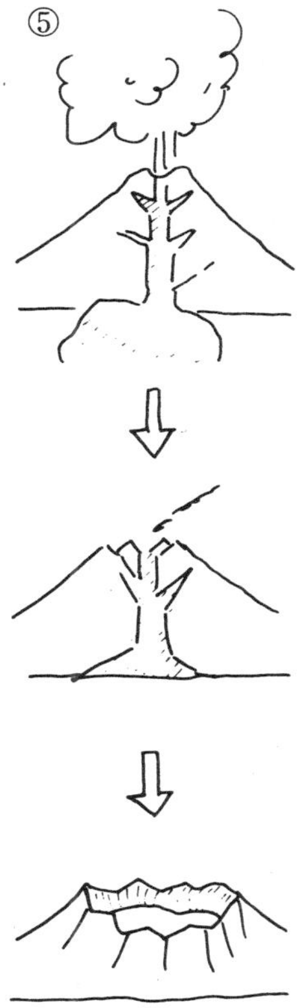

れんしゅう

Ⅰ．文型

例文①②のように③の文を完成させなさい。④は自分で考えて作りなさい。

1．～と言ってもいいぐらい～

①温泉のない所はない、と言ってもいいぐらい、温泉はどこにでもある。

②温泉がきらいな人はいない、と言ってもいいぐらい日本人は温泉好きだ。

③かれは、日本人だと言ってもいいぐらい ______________________

④______________________________________

2．～にそって～

①温泉はこの火山の列にそってわき出しているの。

②川にそってサクラの木が並んでいます。

③この道にそってまっすぐ行くと ______________________

④______________________________________

3．～によって

①火山の活動によって、島ができたり、湖ができたりしています。

②温泉によって、病気をなおすこともできます。

③この町は、じしんによって ______________________

④______________________________________

4．～に恵まれる

①自然に恵まれた日本のすばらしさが、だれでも感じられるでしょう。

②日本では友だちに恵まれて楽しい生活ができました。

③日本は水に______________________________

④______________________________________

Ⅱ．ことばの使い方

1．□の中のことばを一つ選んで、適当な形にして______に書きなさい。

①谷や川がよう岩で__________て、湖ができました。

②火口の土地が下に__________で、くぼんだところをカルデラと言います。

③次の動詞をⅠグループ、Ⅱグループに＿＿＿＿＿＿て、書きなさい。

④日本には＿＿＿＿＿＿の美しいところがたくさんあります。

⑤マグマは＿＿＿＿＿＿の深いところにあって、どろどろに＿＿＿＿＿＿ています。

おちこむ　地下　分ける　とける　景色　せきとめる

2．次の文を読んで、（　）にひらがなを１字ずつ入れなさい。

①日本全国、温泉はどこに（　）（　）あります。

②温泉は、火山（　）関係（　）あります。

③温泉の中（　）とけている化学成分（　）よって、効果（　）ちがう。

④女の人（　）人気がある温泉は、美人（　）なる温泉です。

⑤この湖は、火山のよう岩（　）できました。

⑥マグマが地表（　）ふき出してきて、山をつくりました。

⑦日本は山の多い国（　）して有名です。

⑧アルバイトをして、お金（　）たくさんたまったので、温泉へ行こうと思います。

⑨花が列のよう（　）並んで咲いています。

⑩山の上からとおく（　）ながめると気持ちがいいです。

3．次のことばを使って短文を作りなさい。

① 祝う ＿＿＿＿＿＿＿＿＿＿＿＿＿＿＿＿＿＿＿＿

② 使う ＿＿＿＿＿＿＿＿＿＿＿＿＿＿＿＿＿＿＿＿

③ 並ぶ ＿＿＿＿＿＿＿＿＿＿＿＿＿＿＿＿＿＿＿＿

4．例のように（　）に書きなさい。

例　すばらしい――（すばらしさ）

① 大きい――（　　　　）　④ 美しい――（　　　　）

② 広い　――（　　　　）　⑤ 重い　――（　　　　）

③ 長い　――（　　　　）　⑥ よい　――（　　　　）

5．例のように下の文を「――です。」「――ます。」の形になおして書きなさい。

例　日本人の温泉好きだよ→日本人の温泉好きです。

①温泉はどこにでもあるわ→

②どうしてこんなに温泉が多いんだろう→

③じゃあ、頭の良くなる温泉もある？→

④「もう12時半だ。ひるごはん食べに行かない？」「いいね、行こう」→

6．下の表を見て、例のように①から⑧の文を「～ん（の）です。」の形にして書きなさい。

〈ふつう体＋んです〉

A．動詞	B．イ-形容詞	C．ナ-形容詞・名詞
行くんです 行かないんです 行ったんです 行かなかったんです	あついんです あつくないんです あつかったんです あつくなかったんです	しずかなんです しずかでは(じゃ)ないんです しずかだったんです しずかでは(じゃ)なかったんです

例　どうして行きませんか→どうして行かないんですか。

A
①きのう、どうして休みましたか→
②どうしましたか→
③先週友達が来ました→

B
④おなかがいたいです→
⑤きのうのテレビはおもしろくありませんでした→

C
⑥もうすぐ正月なので、町はにぎやかです→
⑦小犬(こいぬ)はきのうまで元気でした→
⑧きのうは、大学の試験(しけん)でした→

25課　テスト（　）月（　）日　クラス＿＿＿＿名前＿＿＿＿＿＿＿＿＿＿

／100

Ⅰ.次の漢字をひらがなで書きなさい。　②×10＝⑳

1．番組（　　　　　）2．効果（　　　　　）3．地下（　　　　　）

4．胃腸（　　　　　）5．活動（　　　　　）6．景色（　　　　　）

7．北海道（　　　　　）8．治療（　　　　　）9．谷（　　　　　）

10．富士五湖（　　　　　）

Ⅱ.（　）の中にひらがなを1字ずつ入れなさい。　②×10＝⑳

1．美人（　）なる温泉は、女の人（　）人気がある。

2．温泉はそれぞれ効果（　）ちがう。

3．ここから見る景色（　）変化（　）あって美しい（　）言われている。

4．母は血圧が高いので、高血圧（　）きく温泉に、治療（　）行った。

5．風でたおれた木（　）、川（　）せきとめられてしまった。

Ⅲ.次のことばを説明した文を右から一つ選んで記号を（　）に書きなさい。　⑤×４＝⑳

1．マグマ　（　）　ⓐ火山が列のように並んでいるもの

2．カルデラ（　）　ⓑ火山からふき出す高温の岩

3．よう岩　（　）　ⓒ地下にあるどろどろにとけた高温の岩

4．火山帯　（　）　ⓓ火口の土地がおちこんだところ

Ⅳ.下からことばを一つ選んで適当な形にして＿＿＿＿に書きなさい。　⑤×４＝⑳

1．山の上まで行くと、遠くの景色がよく＿＿＿＿れる。

2．アルバイトのお金が＿＿＿＿たら、旅行に行こうと思います。

3．この料金にはサービス料も＿＿＿＿ている。

4．学校の図書館は、学生だけでなく、一般の人も＿＿＿＿ことができる。

〔ながめる　利用する　たまる　ふくむ〕

Ⅴ.次の文を完成しなさい。　⑩×２＝⑳

1．映画の入場券を買うかたは、この線にそって、＿＿＿＿＿＿＿＿＿＿＿＿

2．この地方は毎年、＿＿＿＿になると＿＿＿＿によって＿＿＿＿＿＿

26課　狭くて広い和室*

日本は狭くて、土地が高いので、小さい住まいがふつうです。たいていの日本の家には、洋間と和室があります。洋間が好きな人もいるし和室の方が住みやすいという人もいます。世代と好みによります。

同じ広さの洋間と和室を比べてみると、和室の方がいろいろな使い方ができるので、便利です。洋間はテーブルやソファー、ベッドなどの家具が場所をとるので、狭い部屋が、ますます狭くなります。

けれども和室では、ベッドの代わりにふとん、いすの代わりにざぶとんを使います。テーブルも短い足の、低いテーブルを使います。そして、ふとんやざぶとんは、押入れにしまいますから、和室は広く、いろいろに使えて大変便利です。一つの和室が、食堂・居間・客間・書さい・寝室などになります。たたみにすわるので、天じょうが高く感じられます。低いテーブルも簡単に動かしたり、片づけたりできます。洋間にいすが三つしかない時は、３人しかすわれませんが、和室では５人でも10人でもすわれます。家中が集まったり、お客さんがたくさん来ても大丈夫です。和室が二つか三つある時は、しょうじやふすまをはずせば、すぐに２倍、３倍の大きな部屋になります。このように和室は、狭くても、即座に、広くなったり、いろいろな部屋に変わったりするので、洋間より便利で経済的です。

最近は洋間でも小さい個室が三つあるより、大きな一部屋を多目的に家中で使う方が便利だと考える人が増えています。広くて自由に使える和室にいつも家族が集まれば、家族の交流が自然に多くなって、すばらしいと思います。狭くて広い「変身上手」な和室は狭い日本にピッタリです。

和室と洋間のある日本の家

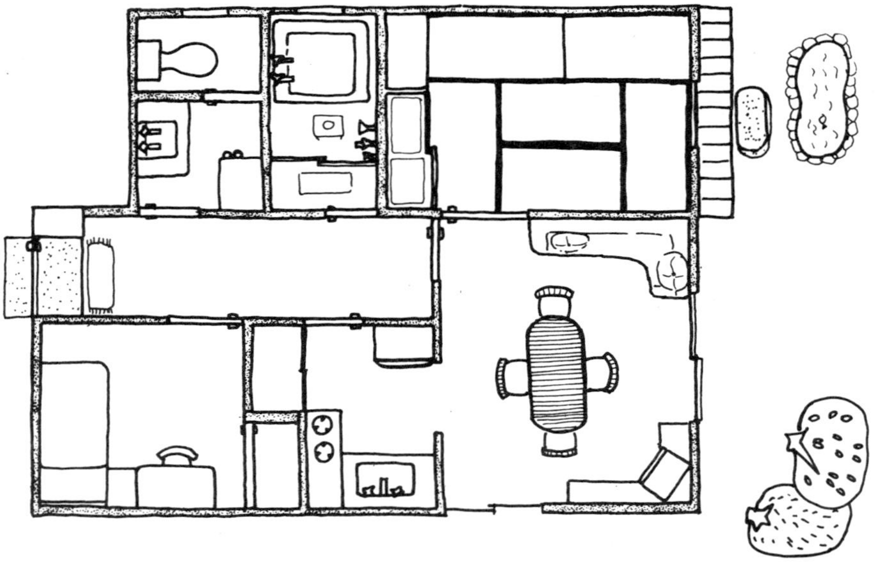

狭くて広い和室

①居間と客間の二つの和室

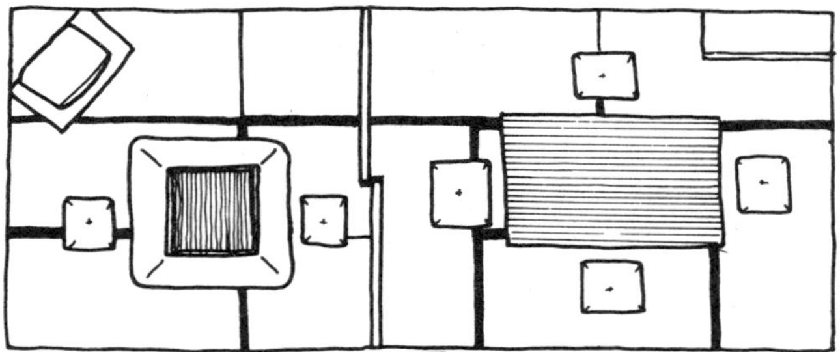

②ふすまをはずして二つの部屋を一つにして広く使う

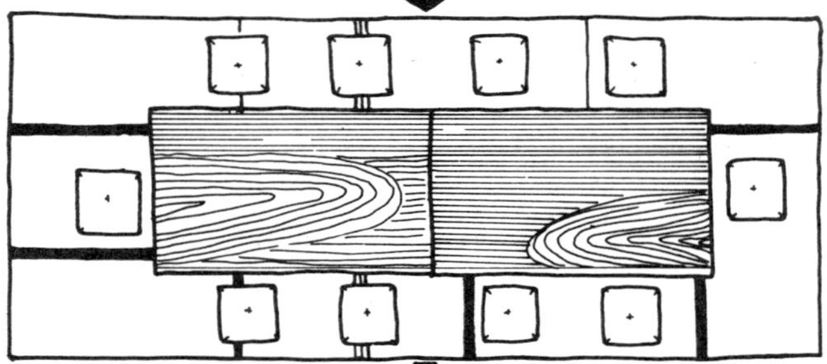

③夜はふとんをしいて寝室として使う

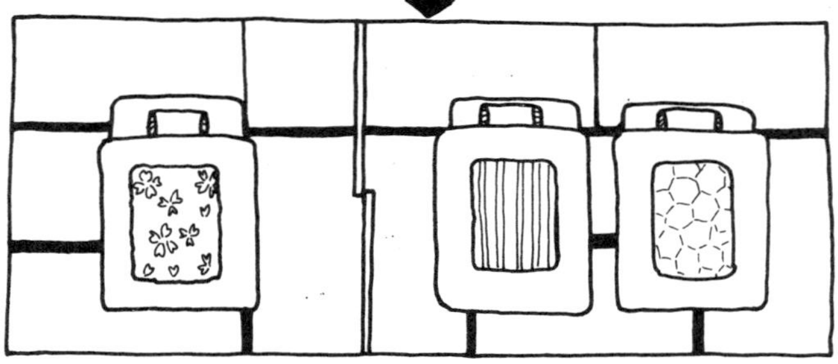

語句と漢字

狭(せま)い　広(ひろ)い　和室(わしつ)　土地(とち)

住(す)まい　たいてい　洋間(ようま)　住(す)みやすい

世代(せだい)　好(この)み　同(おな)じ　比(くら)べる

使(つか)い方(かた)　便利(べんり)(な)　①家具(かぐ)　場所(ばしょ)

部屋(へや)　代(か)わり　②ふとん　③ざぶとん

短(みじか)い足(あし)　低(ひく)い　④押入(おしい)れ　⑤しまう

食堂(しょくどう)　居間(いま)　客間(きゃくま)　書(しょ)さい

寝室(しんしつ)　たたみ　天(てん)じょう　簡単(かんたん)(な)

動(うご)かす　片(かた)づける　～しか　家中(いえじゅう)

集(あつ)まる　客(きゃく)　来(く)る　大丈夫(だいじょうぶ)

しょうじ　ふすま　はずす　～倍(ばい)

即座(そくざ)に　変(か)わる　便利(べんり)(な)　経済的(けいざいてき)(な)

家族(かぞく)　個室(こしつ)　最近(さいきん)　多目的(たもくてき)

考(かんが)える　ますます　自由(じゆう)(な)　交流(こうりゅう)

自然(しぜん)に　変身上手(へんしんじょうず)(な)　ピッタリ

⑥テーブル (table)　⑦ソファー (sofa)

⑧ベッド (bed)

①
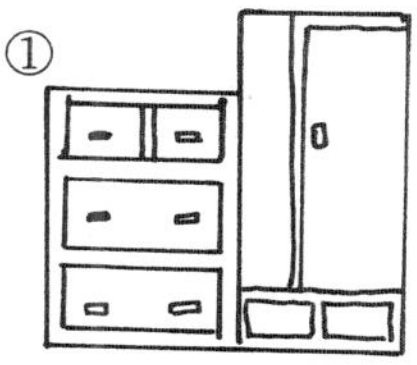
②

③
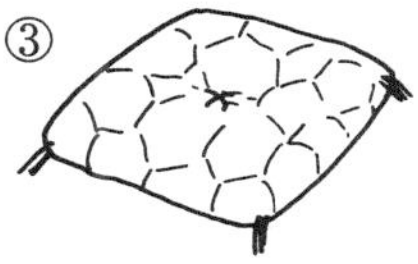
④ ⑤

⑥
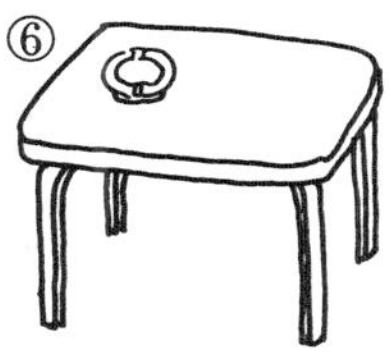
⑦

⑧
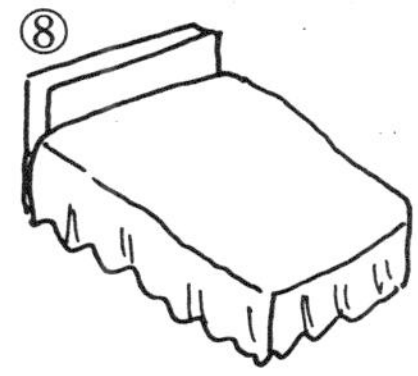

れんしゅう

Ⅰ．文型

例文①②のように③の文を完成させなさい。④は自分で考えて作りなさい。

1．～し～

①和室の好きな人もいるし、洋間の方がいいという人もいます。

②今日は雨が降っているし、とてもさむいので、出かけたくないです。

③あのレストランは安いし、＿＿＿＿＿＿＿＿＿＿＿＿＿＿

④＿＿＿＿＿＿＿＿＿＿＿＿＿＿＿＿＿＿＿＿＿＿＿＿

2．～と～(と)を比べる

①同じ広さの洋間と和室を比べてみると、和室の方が多目的に使える。

②10年前と現在とを比べてみると、留学生はますます多くなりました。

③３か月前とこのごろとを比べると、日本語の会話力が＿＿＿＿＿＿＿＿

④＿＿＿＿＿＿＿＿＿＿＿＿＿＿＿＿＿＿＿＿＿＿＿＿

3．～の代わりに～

①和室ではベッドの代わりに、ふとんでねます。

②いすの代わりに、ざぶとんを使っています。

③自動車は高いので、自動車の代わりに＿＿＿＿＿＿＿＿＿＿

④＿＿＿＿＿＿＿＿＿＿＿＿＿＿＿＿＿＿＿＿＿＿＿＿

4．～ても／でも～

①和室ではおおぜいすわれるので、お客さんが多くても、大丈夫です。

②私は早起きになれているので、早朝のアルバイトでも、できます。

③毎日、よく勉強している学生は、むずかしいテストでも＿＿＿＿＿＿

④＿＿＿＿＿＿＿＿＿＿＿＿＿＿＿＿＿＿＿＿＿＿＿＿

5．～ば～

①二つの和室の間のふすまやしょうじをはずせば、大きい部屋になります。

②土地が広ければ、大きい家がたてられます。

③居間に家中が集まれば、＿＿＿＿＿＿＿＿＿＿＿＿＿＿＿

④＿＿＿＿＿＿＿＿＿＿＿＿＿＿＿＿＿＿＿＿＿＿＿＿

II．ことばの使い方

1．［　　］の中のことばを一つ選んで、＿＿＿に書きなさい。

①父が忙しい時には、父の＿＿＿＿＿私が行こうと＿＿＿＿＿います。

②お客さんが５人いらっしゃるのに、いすが四つ＿＿＿＿＿ありません。

③和室のまん中のテーブルを＿＿＿＿＿と＿＿＿＿＿に広い部屋になります。

④人と人、国と国との＿＿＿＿＿がへいわな世界を作ります。

しか	片づける	簡単	考えて	交流	代わりに

2．次の文を読んで、（　）にひらがなを１字ずつ入れなさい。

①たいていの家（　）は、和室と洋間があります。

②家具は場所（　）とるの（　）、あまり買わ（　）（　）つもりです。

③洋間には、いすが五つ（　）（　）ないので、５人しかすわれ（　）（　）（　）。

④テーブルを動かしましょう。そうす（　）（　）、ふとんがもっとしけます。

⑤和室はいろいろに使えるので、洋間（　）（　）、経済的（　）便利です。

3．次のことばを使って短文を作りなさい。

①たいてい ＿＿＿＿＿＿＿＿＿＿＿＿＿＿＿＿＿＿＿＿

②使い方 ＿＿＿＿＿＿＿＿＿＿＿＿＿＿＿＿＿＿＿＿

③しまう ＿＿＿＿＿＿＿＿＿＿＿＿＿＿＿＿＿＿＿＿

④～倍 ＿＿＿＿＿＿＿＿＿＿＿＿＿＿＿＿＿＿＿＿

⑤ますます ＿＿＿＿＿＿＿＿＿＿＿＿＿＿＿＿＿＿＿＿

III．下の質問に答えなさい。

①どうして、日本の部屋は小さいのですか。

②あなたは、和室と洋間とどちらの方が住みやすいですか。

③あなたの部屋に今、どんな家具がありますか。

④あなたの部屋の中に、いらない家具がありますか。

⑤あなたは、部屋の中を時々、変えますか。

⑥あなたの部屋に何人くらいのお客が入れますか。

⑦和室のいい点、悪い点を三つずつあげてください。

26課　テスト（　）月（　）日　クラス＿＿＿名前＿＿＿＿＿＿＿＿

／100

Ⅰ．次の漢字をひらがなで、英語をカタカナで書きなさい。　②×10＝⑳

1．家具（　　　　　）　2．簡単（　　　　　）　3．交流（　　　　　）

4．食堂（　　　　　）　5．経済的（　　　　　）　6．土地（　　　　　）

7．自然（　　　　　）　8．客間（　　　　　）　9．sofa（　　　　　）

10．bed（　　　　　）

Ⅱ．（　）の中にひらがなを１字ずつ入れなさい。　②×10＝⑳

1．和室は狭く（　）（　）、広くなったり、いろいろな部屋（　）なるので、洋間（　）（　）便利（　）経済的です。

2．大きな部屋を多目的（　）家族中（　）使う方（　）便利（　）と考えます。

3．銀行（　）（　）お金を借りない（　）、土地や家は買えません。

Ⅲ．下からことばを一つ選んで適当な形にして＿＿＿＿＿に書きなさい。　③×10＝㉚

1．父が忙しい時には、父の＿＿＿＿＿私が＿＿＿＿＿うと考えています。

2．しょうじやふすまを＿＿＿＿＿ば２、３倍の＿＿＿＿＿部屋に変わります。

3．＿＿＿＿＿にいすが三つしかない時は３人しか＿＿＿＿＿ませんが、＿＿＿＿＿では５人でも10人でも大丈夫です。

4．和室は狭い日本に＿＿＿＿＿です。

5．最近の子どもたちは＿＿＿＿＿を＿＿＿＿＿がります。

（広い　代わりに　はずす　洋間　行く
和室　すわる　個室　ピッタリ　ほしい）

Ⅳ．次のことばを使って短文を作りなさい。　⑤×２＝⑩

1．～ば～　＿＿＿＿＿＿＿＿＿＿＿＿＿＿＿＿＿＿＿＿

2．使い方　＿＿＿＿＿＿＿＿＿＿＿＿＿＿＿＿＿＿＿＿

Ⅴ．下の質問に答えなさい。　⑩×２＝⑳

1．日本の家にはどうして洋間と和室がありますか。

＿＿＿＿＿＿＿＿＿＿＿＿＿＿＿＿＿＿＿＿＿＿＿＿＿＿

2．狭くて広い和室とはどういう意味ですか。

＿＿＿＿＿＿＿＿＿＿＿＿＿＿＿＿＿＿＿＿＿＿＿＿＿＿

27課　アメリカ村（日本の中の外国）＊＊

和歌山県の三尾という村は、アメリカ村と呼ばれています。人口は1000人たらずの小さな村です。のうぎょうとぎょぎょうの両方をして生活しています。かつて、この村の人口の半分以上の人が、アメリカやカナダに移住しました。その後、日本へ帰ってきて、今でもこの村で元気に生活している人が、200人ぐらい、いるそうです。また、現在カナダに住んでいる日本人３万人のうち、およそ5000人は、この村から移住した人と、その子孫だそうです。

この村の人々が、海外移住の決心をした最大の理由は、貧しさでした。三方を山にかこまれ、しお風が吹くこの土地は、のうぎょうには、あまり適していません。その上、明治の中ごろからは、ぎょぎょうも、あまりできなくなったので、生活はとても苦しかったのです。それで移民になって海外へ働きに行きました。けれども、ずっと海外に住んで、もう日本に帰らないという決心をした人は少ないらしいです。大部分の人々は、「海外で、いっしょうけんめいに働いて、国の家族にお金を送りたい、そして、お金がたまったら日本へ帰りたい」と思って

いました。それで、これらの人々はきんべんに働き、現地の給料もかなり高かったので、多くの人々が多少の財産をつくることができました。定住する人もいましたが、明治の終わりごろから昭和の初めに、おおぜいの人が帰国しました。また、せんそうのために帰国した人も、たくさんいます。

それでこの村には、明治、大正時代から、カナダ、アメリカ風のモダンな家が、あちらこちらに建てられました。また、毎日の会話には、今でもしぜんに英語がまじります。たとえば「わたしはキャナダでは、フィッシャーマンでした。サーモンをとっていましたよ」と言うおじいさんや、洋服を着た美人の写真を見せながら、「これは、わたしのグランマーよ」などと言うおばあさんもいます。

今でも、この村から、カナダやアメリカへ働きに行ったり、帰ってきたりする人が多く、いろいろな体験談が聞けます。成功した人々にも、長い海外生活には楽しいことばかりではなく、苦しいことやかなしいことも、たくさんあったと思います。

この村にあるアメリカ村しりょうかんに行くと、この村の移民の歴史について、知ることができます。

語句と漢字

和歌山県(わかやまけん)	三尾村(みおむら)	人口(じんこう)	1000人(にん)たらず
①のうぎょう	②ぎょぎょう	両方(りょうほう)	生活(せいかつ)する
かつて	半分以上(はんぶんいじょう)	移住(いじゅう)する	その後(ご)
元気(げんき)(な)	現在(げんざい)	住(す)む	3万人(まんにん)のうち
およそ	子孫(しそん)	海外(かいがい)	決心(けっしん)する
最大(さいだい)の理由(りゆう)	貧(まず)しい	三方(さんぽう)	かこむ
しお風(かぜ)	吹(ふ)く	土地(とち)	適(てき)する
その上(うえ)	苦(くる)しい	移民(いみん)	働(はたら)く
ずっと	大部分(だいぶぶん)	人々(ひとびと)	家族(かぞく)
いっしょうけんめい	たまる	きんべんに	現地(げんち)
給料(きゅうりょう)	多少(たしょう)の	財産(ざいさん)	作(つく)る
定住(ていじゅう)する	明治(めいじ)の終(お)わり	昭和(しょうわ)の初(はじ)め	おおぜい
せんそう	時代(じだい)	帰国(きこく)する	～風(ふう)
あちらこちら	毎日(まいにち)の会話(かいわ)	しぜんに	英語(えいご)
まじる	たとえば	洋服(ようふく)	美人(びじん)の写真(しゃしん)
体験談(たいけんだん)	成功(せいこう)する	長(なが)い	楽(たの)しい
歴史(れきし)を知(し)る			

カナダ／キャナダ (Canada)　アメリカ(America)

モダン (modern)　③フィッシャーマン (fisherman)

④サーモン (salmon)

⑤グランドマザー／グランマー (grandmother)

①

②

③
④
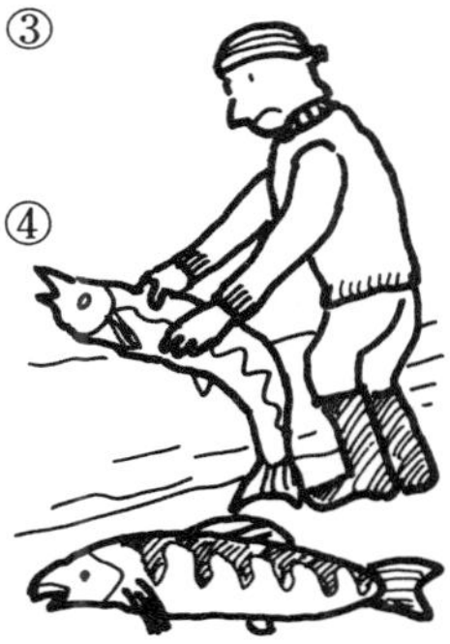

⑤

れんしゅう

Ⅰ．文型

例文①②のように③の完成させなさい。④は自分で考えて文を作りなさい。

1．～のうち（およそ）～

①学生３万人のうち、およそ5000人は留学生です。

②社員(しゃいん)8000人のうち、およそ$\frac{1}{4}$は女の人です。

③留学生150人のうちおよそ＿＿＿＿＿＿＿＿＿＿＿＿

④＿＿＿＿＿＿＿＿＿＿＿＿＿＿＿＿＿＿＿＿＿＿＿＿

2．～らしい～

①もう日本に帰らないという決心をした人は少ないらしいです。

②キムさんはずっと学校を休んでいます。国へ帰ったらしいです。

③頭も痛いし、のども痛い。かぜを＿＿＿＿＿＿＿＿＿＿＿＿

④＿＿＿＿＿＿＿＿＿＿＿＿＿＿＿＿＿＿＿＿＿＿＿＿

3．～ばかりでなく～も

①長い海外生活には、楽しいことばかりでなく、苦しいこともありました。

②アルバイトをしていると、お金ばかりでなく友だちもたくさんできます。

③あの学生はあたまがいいばかりでなく＿＿＿＿＿＿＿＿＿＿＿＿

④＿＿＿＿＿＿＿＿＿＿＿＿＿＿＿＿＿＿＿＿＿＿＿＿

4．（動詞）～たら～

①アメリカ村へ行ったらいろいろおもしろい話が聞けます。

②毎日いっしょうけんめい勉強したら日本語はすぐ上手になる。

③お金がたまったら＿＿＿＿＿＿＿＿＿＿＿＿

④＿＿＿＿＿＿＿＿＿＿＿＿＿＿＿＿＿＿＿＿＿＿＿＿

Ⅱ．ことばの使い方

1．□の中のことばを一つ選んで、＿＿＿に書きなさい。

①＿＿＿＿＿＿このあたりには、五つも大学がありましたが、その＿＿＿＿＿＿
四つの大学は郊外(こうがい)へうつりました。

②人口の＿＿＿＿＿＿ $\frac{1}{10}$ は60さい＿＿＿＿＿＿の人です。

③東京のまわりの市(し)には＿＿＿＿＿＿たてものが多いです。

④＿＿＿＿＿＿財産があるので、しごとをやめて、いなかで生活します。

⑤いなかのそふぼには＿＿＿＿＿＿会っていません。

⑥＿＿＿＿＿＿の孫(まご)たちに＿＿＿＿＿＿しゃしんをとりました。

かこまれて	かつて	あまり	およそ	以上
モダンな	おおぜい	多少の	～うち	

2．次の文を読んで、（　）にひらがなを１字ずつ入れなさい。

①アメリカ村（　）呼ばれている三尾(みお)は、人口1000人たらず（　）村です。

②30年ぐらい前にカナダから帰ってきましたが、今（　）もしぜん（　）英語を話します。

③困(こま)ったことばかり（　）（　）なく、楽しかったこと（　）話してください。

④給料が、高かった（　）（　）そのアルバイトをする決心（　）しました。

3．次のことばを使って短文を作りなさい。

①～たらず　＿＿＿＿＿＿＿＿＿＿＿＿＿＿＿＿＿＿＿＿

②かつて　＿＿＿＿＿＿＿＿＿＿＿＿＿＿＿＿＿＿＿＿

③～のうち　＿＿＿＿＿＿＿＿＿＿＿＿＿＿＿＿＿＿＿＿

III．下の質問に答えなさい。

①三尾という村は、どうしてアメリカ村と呼ばれていますか。

②三尾はどんな村ですか。

③三尾の人々はどうして移住しましたか。

④移民は大部分、定住しましたか。

⑤いつごろ帰国した人が多いですか。

⑥アメリカ村の人の会話はどんな話しかたですか。

27課　テスト（　）月（　）日　クラス______名前__________________

／100

Ⅰ.次の漢字をひらがなで、英語をカタカナで書きなさい。　②×10＝⑳

1．人口（　　　　　）2．貧（　　　　　）しい 3．財産（　　　　　）

4．成功（　　　　　）5．多少（　　　　　）6．苦（　　　　　）しい

7．給料（　　　　　）8．体験談（　　　　　）

9．modern（　　　　　）10．Canada（　　　　　）

Ⅱ.（　）の中にひらがなを 1 字ずつ入れなさい。　②×10＝⑳

1．アメリカ村の人口は、1000人たら（　）です。

2．留学生10万人の（　）（　）およそ8000人はアジアの人（　）そうです。

3．三方（　）山（　）かこまれ、しお風が吹くこの土地（　）、のうぎょう（　）は、あまり適し（　）いない。それ（　）海外へ働き（　）行った。

Ⅲ.下からことばを一つ選んで________に書きなさい。　②×10＝⑳

1．人々が________の________をした最大の________は貧しさでした。

2．明治の________ごろから昭和の________に________の人が帰国しました。

3．毎日の________には、今でも________英語がまじります。

4．________した人々のいろいろな________をきくのは楽しいです。

〔しぜんに　会話　初め　体験談　海外移住　成功　終わり　理由　おおぜい　決心〕

Ⅳ.次の文を完成しなさい。　⑤×４＝⑳

1．その人は美人の写真を見せながら________________________

2．長い外国生活には______________________________

3．わたしは今でも______________________________

4．____________________________人は少ないらしいです。

Ⅴ.次のことばを使って短文を作りなさい。　⑩×２＝⑳

1．～たら______________________________

2．留学生活　困ること　ばかり　楽しいこと　いろいろ

____

28課「きつねうどん」と「たぬきそば」(日本の食べ物) **

「あなたは、きつねとたぬきと、どちらの方が、いいですか」「そうですねえ、きつねもたぬきも好きですが、今日はきつねにします」これは動物について話している会話ではありません。では、どこで、何の話をしているのか分かりますか。おそば屋さんで、そばやうどんの注文をしている会話です。きつねもたぬきもそばやうどんの種類です。

皆さんはそばとうどんの違いが分かりますか。そばは少し黒い色で細くて、かたいですが、うどんは白くて、太くて、やわらかいです。きつねはしょうゆとさとうで、甘くにた三角形の油あげをうどんやそばの上にのせた物です(油あげはうすく切ったとうふを、油であげたものです)。

動物のキツネは油あげが大好きだと言われているので、この名前がつけられました。たぬきは天ぷらのあげかすをそばやうどんの上にのせた物です(天ぷらをあげた時に、天ぷらなべの中に残ったものをあげかすといいます)。これは天ぷらのたね(天ぷらの中に、入っている

えびや魚や野菜など）をぬいたころも（てんぷらの外側の部分）だけという意味です。「たねをぬいた」を短くすると「たねぬき」になり、これがもっと短くなって、「たぬき」と呼ばれているらしいです。

最近、都会では、動物のキツネやタヌキを、あまり見かけません。地方の山や村へ行っても、めったに見ることができません。キツネはきれいな女の人にすがたを変えたり、木の葉をお金に変えたりして、人をだますのが上手だと信じられています。タヌキは寝たふりが、得意なので、寝たふりをすることを「たぬきねいり」と言います。少し細くて、逆三角形の顔のキツネと丸い顔のタヌキとは対照的で、昔から日本人の話の中によく出てきます。

ところで、あなたの顔はキツネ型ですか、それともタヌキ型ですか。あなたは何かにすがたを変えることができますか。それとも、宿題を忘れたときに「たぬきねいり」が上手にできますか。今度おそば屋さんへ行ったら、メニューにたぬきそばやきつねうどんがあるかどうか見てください。

語句と漢字

きつね	うどん	たぬき	そば
食べ物(たべもの)	好き(すき)	今日(きょう)	動物(どうぶつ)
について	話す(はなす)	会話(かいわ)	何の話(なんのはなし)
分かる(わかる)	そば屋(そばや)	注文(ちゅうもん)	種類(しゅるい)
皆さん(みなさん)	違い(ちがい)	黒い色(くろいいろ)	細い(ほそい)
かたい	白くて(しろくて)	太い(ふとい)	やわらかい
しょうゆ	さとう	甘くにる(あまくにる)	三角形(さんかくけい)
油あげ(あぶらあげ)	のせる	うすく切る(うすくきる)	①とうふ
あげる	大好き(だいすき)	名前(なまえ)	つける
②天ぷら(てんぷら)	～かす	天ぷらなべ	残る(のこる)
③えび	④魚(さかな)	⑤野菜(やさい)	外側(そとがわ)
部分(ぶぶん)	意味(いみ)	ぬく	短くする(みじかくする)
呼ぶ(よぶ)	最近(さいきん)	都会(とかい)	見かける(みかける)
地方(ちほう)	めったに	すがた	変える(かえる)
⑥木の葉(このは)	お金(おかね)	だます	上手(じょうず)(な)
信じる(しんじる)	寝たふり(ねたふり)	得意(とくい)	たぬきねいり
⑦逆三角形(ぎゃくさんかくけい)	顔(かお)	丸い(まるい)	対照的(たいしょうてき)
昔(むかし)	ところで	～型(がた)	それとも
宿題(しゅくだい)	上手(じょうず)	忘れる(わすれる)	今度(こんど)

メニュー (menu)

①

②

③

④

⑤

⑥

⑦
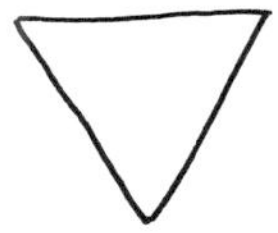

れんしゅう

Ⅰ．文型

例文①②のように③の文を完成させなさい。④は自分で考えて作りなさい。

1．～は～という意味です

①たねぬきは天ぷらのころもだけという意味です。

②「たぬきねいり」はねているふりをするという意味です。

③ 夜型人間は夜おそくまで＿＿＿＿＿＿＿＿＿＿＿＿＿＿
　「朝ねぼう」は朝いつまでも＿＿＿＿＿＿＿＿＿＿＿＿＿＿

④＿＿＿＿＿＿＿＿＿＿＿＿＿＿＿＿＿＿＿＿＿＿＿＿

2．めったに～ません

①都会ではもちろんいなかでもめったにキツネやタヌキを見かけません。

② 最近、夜型の人が多くなり、朝型の人はめったにいません。
　あの人はめったにわらいませんねえ。

③あの学生はめったに＿＿＿＿＿＿＿＿＿＿＿＿＿＿＿＿＿＿

④＿＿＿＿＿＿＿＿＿＿＿＿＿＿＿＿＿＿＿＿＿＿＿＿

3．ところで～

①きつねうどんやたぬきそばは安くておいしいですね。
　ところで今晩おひまですか。

②ごかぞくのみなさんはお元気ですか。
　ところで期末テストが9月18日になったらしいですね。

③毎日あつくていやですね。ところで＿＿＿＿＿＿＿＿＿＿＿＿＿＿
＿＿＿＿＿＿＿＿＿＿＿＿＿＿＿＿＿＿＿＿＿＿＿＿

④＿＿＿＿＿＿＿＿＿＿＿＿＿＿＿＿＿＿＿＿＿＿＿＿

4．～それとも～

①あなたの顔はキツネ型ですか、それともタヌキ型ですか。

②あなたは朝型人間ですか、それとも夜型人間ですか。

③ 今夜は天ぷらでもたべましょうか、それとも ______________________

____

昼食はおべんとうを買ってきましょうか、それとも ______________________

____

④ ______________________

II．ことばの使い方

1．□の中のことばを一つ選んで、適当な形にして＿＿＿に書きなさい。

①今度の週末には、えいがを見に行きましょうか。＿＿＿＿＿＿ ドライブがしたいですか。

②勉強やアルバイトで毎日いそがしいですね。＿＿＿＿＿＿ ○○先生がけっこんなさったことを知っていますか。

③お酒を作ったあとにのこったものを酒＿＿＿＿＿＿と言います。これで「甘酒」を作ります。

④シルバーシートで＿＿＿＿＿＿をしてはいけませんねえ。

⑤えびは天ぷらのたねにしたり、おすしの上に＿＿＿＿＿＿します。

⑥よく知らない時に、知っている＿＿＿＿＿＿をしてはいけません。

⑦あのおすし屋さんの＿＿＿＿＿＿はいつも新しいです。

⑧豆腐をうすく切って、油で＿＿＿＿＿＿ものを、何と言いますか。

⑨田中さんは夜おそくまでおきいてる夜＿＿＿＿＿＿人間(にんげん)ですが、山田さんはとても早起きらしいですよ。

⑩それでは、田中さんと山田さんは＿＿＿＿＿＿ですね。

ところで	のせる	あげる	対照的	～型	かす
それとも	たぬきねいり	たね	～ふり		

2．次の文を読んで、（　）にひらがなを1字ずつ入れなさい。

①「ご注文は？」「たぬきそば（　）します。」

②あなたの国（　）ついて、話してください。

③大きい（　）いう字と、太い（　）いう字の違いは？

④さとうと、しょうゆ（　）甘くにた油あげ（　）うどん（　）そば（　）上にのせます。

⑤最近は、いなか（　）行って（　）めった（　）キツネやタヌキを見かけません。

3．次のことばを使って短文を作りなさい。

①~~について　＿＿＿＿＿＿＿＿＿＿＿＿＿＿＿＿＿＿＿＿

③短くする　＿＿＿＿＿＿＿＿＿＿＿＿＿＿＿＿＿＿＿＿

③見かける　＿＿＿＿＿＿＿＿＿＿＿＿＿＿＿＿＿＿＿＿

④めったに　＿＿＿＿＿＿＿＿＿＿＿＿＿＿＿＿＿＿＿＿

⑤~~ふりをする　＿＿＿＿＿＿＿＿＿＿＿＿＿＿＿＿＿＿＿＿

III．下の質問に答えなさい。

①そば屋へ行ったことがありますか。その時、何を注文しましたか。

②そばとうどんの違いをせつめいしてください。

③きつねうどんは、うどんの上に何がのっていますか。

④キツネは何が大好きですか。

⑤天ぷらのころもはどの部分ですか。

⑥天ぷらやすしのたねには、どんなものがありますか。

⑦「たぬきねいり」というのは、どういう意味ですか。

⑧キツネ型とタヌキ型の顔の違いは？

⑨キツネとタヌキは何が得意ですか。

⑩天ぷらそばよりたぬきそばの方が安いです。なぜでしょうか。

28課　テスト （　）月（　）日　クラス______名前________________

／100

Ⅰ.次の漢字をひらがなで、英語をカナカタで書きなさい。　②×10＝⑳

1．野菜（　　　　　）2．注文（　　　　　）3．魚（　　　　　）

4．甘（　　　　　）い 5．細（　　　　　）い 6．意味（　　　　　）

7．対照的（　　　　　）8．逆三角形（　　　　　）

9．宿題（　　　　　）10．menu（　　　　　）

Ⅱ.（　）の中にひらがなを１字ずつ入れなさい。　②×10＝⑳

1．あなたは、犬（　）ねこ（　）どちらの方（　）すきですか。

2．そうです（　）（　）、わたしは、どちら（　）すきです。

3．これは、しゅみに（　）（　）（　）話している会話（　）（　）ない。

4．キツネは、女の人（　）すがた（　）変える（　）が上手だそうです。

Ⅲ.下からことばを一つ選んで________に書きなさい。　④×５＝⑳

1．えびは天ぷらの________にしたり________の上にのせたりします。

2．________をうすく切って、油であげたものを________と言います。

3．だいぶ寒くなりましたね。________うんどう会はどうでしたか。

〔油あげ　部分　何　とうふ　木の葉　たね　そば　すし　ところで　最近〕

Ⅳ.次の文を完成しなさい。　⑤×４＝⑳

1．やっとテストがおわりましたね。ところで________________________

2．あなたはお父さんににていますか、それとも______________________

3．あの人はめったに______________________________________

4．________は__________________________という意味です。

Ⅴ.質問に答えなさい。　⑩×２＝⑳

1．キツネは何が上手ですか。

____

2．そばとうどんの太さは同じですか。

____

29課　ケープコッドのクリスマス＊＊

今から十数年前、私はアメリカ中西部のシカゴの近くに住んでいました。親しい友人は東部のケンブリッジ（ボストンから地下鉄で10分ぐらい、ハーバード大学がある町）に住んでいました。それで夏休みやクリスマス休みにはニューヨークやボストンで会って、いっしょに見物したり、ブロードウェーの芝居を見たり、ドライブをしたりしたものでした。

ある年のクリスマス休みのことです。もう一人の友人が新しいスポーツカーを買ったので、それに乗ってシカゴからケンブリッジへ行きました。クリスマス当日は、そこからケープコッド（マサチューセッツ州南東部の岬）へ、日帰りドライブをすることにしました。ケープコッドでは今でもメイフラワー号（1620年にアメリカへ移住した人たちが乗って来た船）が見物できるし、新せんな貝や魚りょうりが食べられるので、とても楽しみにしていました。車を満タンにして、そのガソリンがちょうどなくなるころ、(スポーツカーは、ガソリンをたくさん使う)ケープコッドに着きました。思っていたとおりの、静かで、きれいな所で、海辺がまっ白に見えるほど、カモメがたくさんいました。

まずガソリンを入れてから見物するつもりで、ガソリンスタンドをさがしたのですが、クリスマスなので、町中の店は全部しまっていて、人影も見えませんでした。ガソリンがなくては見物もできないし、帰ることもできません。本当に困って、人がいるところをさがすと、ホテルが見えました。うれしくなって、そこに入って、昼食を注文してからたずねました。「ガソリンスタンドの人はいませんか」。すると、そこにいたおおぜいの人たちは「スタンドのジョンがどこにいるかさがそう」と言いながら出て行って、そのジョンさんをさがしてきてくれました。ジョンさんはすぐにスタンドをあけて、ガソリンを満タンにしてくれたので、ホッとしました。

それからやっとクリスマス気分になって見物を始めることにしました。みんなのしんせつに心からお礼を言って昼食代を払おうとすると、ホテルの人たちが「あなた方はここへ昼食を食べに来たのではなくて、ガソリンをさがしに来たのですから、昼食代はいりません」と言ったので、びっくりしました。「いいえ、おなかもすいていたのですから、払わせてください」と私が言うと、「今日はクリスマスの日です。１年に１回ぐらいは知らない人にもプレゼントをして喜ばせたいのです。メリー・クリスマス！」と言いました。それでわたしたちも「本当にいろいろありがとうございました。メリー・クリスマス！」と言ってホテルを出ました。何年たっても忘れられない心があたたまるクリスマスでした。

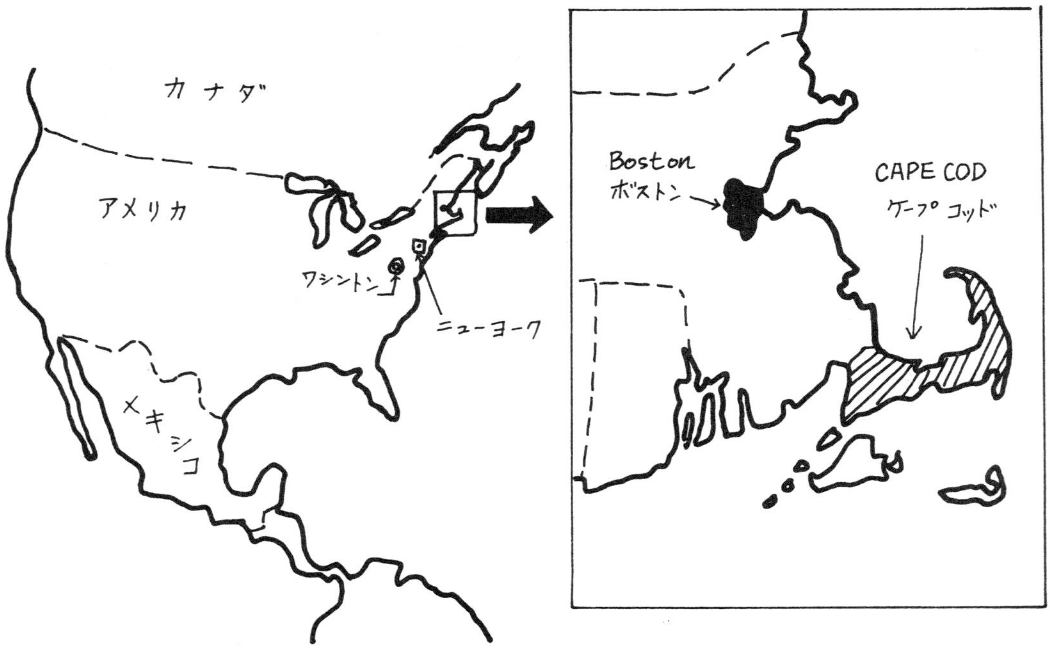

語句と漢字

十数年（じゅうすうねん）	中西部（ちゅうせいぶ）	地下鉄（ちかてつ）	見物（けんぶつ）
芝居（しばい）	新しい（あたら）	当日（とうじつ）	乗る（の）
南東部（なんとうぶ）	岬（みさき）	日帰り（ひがえ）	移住（いじゅう）
①貝（かい）	魚（さかな）	楽しみにする（たの）	満タン（まん）
なくなる	思っていたとおり（おも）		②海辺（うみべ）
③カモメ(とりの名)	町中（まちじゅう）	全部（ぜんぶ）	人影（ひとかげ）
本当(に)（ほんとう）	困る（こま）	昼食（ちゅうしょく）	注文（ちゅうもん）
気分（きぶん）	始める（はじ）	お礼（れい）	昼食代（ちゅうしょくだい）
払う（はら）	喜ぶ（よろこ）	忘れる（わす）	あたたまる

①

②

ケープコッド (Cape Cod)　クリスマス (Christmas)

アメリカ (America)　シカゴ (Chicago)

ケンブリッジ (Cambridge)　ボストン (Boston)

ハーバード (Harvard)　ニューヨーク (New York)

③

ジョン (John)　ブロードウェー (Broadway)

ドライブ (drive)　④スポーツカー (sport car)

マサチューセッツ (Massachusetts)

メイフラワー (Mayflower)

④

ガソリン (gasoline)　スタンド(stand)

ホテル(hotel)　プレゼント(present)

メリー・クリスマス (Merry Christmas)

れんしゅう

Ⅰ．文型

例文①②のように③の文を完成しなさい。④は自分で考えて作りなさい。

1．（よく）〜たものでした

①長い休みには、よく旅行したものでした。

②中間テストや期末テストの前日は一晩中勉強したものでした。

③給料日の前で、お金がない時は＿＿＿＿＿＿＿＿＿＿＿＿＿＿＿＿

④＿＿＿＿＿＿＿＿＿＿＿＿＿＿＿＿＿＿＿＿＿＿＿＿＿＿＿＿

2．〜ことにする

①クリスマスに日帰りドライブをすることにしました。

②パーティーに友人を数十人まねくことにしました。

③今週末に＿＿＿＿＿＿＿＿＿＿＿＿＿＿＿＿＿＿＿＿＿＿＿＿

④＿＿＿＿＿＿＿＿＿＿＿＿＿＿＿＿＿＿＿＿＿＿＿＿＿＿＿＿

3．〜し〜（し）〜

①その岬の町ではしんせんな貝が食べられるし、見物するところもたくさんあります。

②給料(きゅうりょう)は上がったし、赤(あか)ちゃんも生まれたので、田中さんはにこにこ顔です。

③テストの点(てん)はよくないし、さいふはおとすし、本当に今日は＿＿＿＿＿＿

④＿＿＿＿＿＿＿＿＿＿＿＿＿＿＿＿＿＿＿＿＿＿＿＿＿＿＿＿

4．〜を楽しみにする／〜が楽しみです

①両親(りょうしん)はわたしの卒業(そつぎょう)を楽しみにしています。

②久しぶりにその人と会うのが楽しみです。

③毎月、25日が＿＿＿＿＿＿＿＿＿＿＿＿＿＿＿＿。給料日ですから。

④＿＿＿＿＿＿＿＿＿＿＿＿＿＿＿＿＿＿＿＿＿＿＿＿＿＿＿＿

5．〜ほど〜

①海辺がまっ白に見えるほどたくさんのカモメがいた。

②顔(かお)がまっ赤になるほどお酒をのんではいけません。

③そのニュースを聞いて、顔がまっ青(さお)になる＿＿＿＿＿＿＿＿＿＿＿＿

④＿＿＿＿＿＿＿＿＿＿＿＿＿＿＿＿＿＿＿＿＿＿＿＿＿＿＿＿＿＿＿＿＿＿＿

II．ことばの使い方

1．□の中のことばを一つ選んで、適当な形にして＿＿＿＿に書きなさい。

①十＿＿＿人の学生が3台の車でドライブしました。

②小学生のころは、夏になると、毎日と言っていい＿＿＿＿＿＿川へつりに行きました。

③赤ちゃんは＿＿＿＿＿＿たり＿＿＿＿＿＿たりして、とてもいそがしいです。

④クリスマス＿＿＿＿＿＿に一時帰国する＿＿＿＿＿＿です。

⑤わたしの家で日曜にパーティーを＿＿＿＿＿＿にしましょう。

⑥あなたからいただいた時計を＿＿＿＿＿＿たいせつに使っています。

⑦春休みに家族に会うのを＿＿＿＿＿＿にしています。

⑧あなたにおしえてもらった＿＿＿＿＿＿に作ったら、とてもおいしいケーキができましたよ。

⑨工場で1日中＿＿＿＿＿＿になって自動車のしゅうりをしています。

⑩うんどうかいがおわって暗くなると、学生はみんな帰って、グランドには＿＿＿＿＿＿も見えません。

休む	する	数	人影	まっ白	まっ黒(くろ)	今でも
楽しむ	つもり	通り	ほど	泣(な)く	笑(わら)う	

2．次の文を読んで、(　)にひらがなを1字ずつ入れなさい。

①ケンブリッジはボストン(　)(　)地下鉄(　)10分くらいのところにある町です。

②家族が多い(　)(　)、車がもう1台ほしいです。

③明日いい天気なら、ピクニックにも行ける(　)スポーツ(　)できます。

④国(　)両親は私の手紙(　)楽しみ(　)しています。

⑤パーティーのごちそうは食べ切れない(　)(　)たくさんありました。

3．次の説明と同じ意味のことばを［　　］からさがして＿＿に書きなさい。

①朝出かけて、その日のうちに帰る(旅行)　＿＿＿＿＿

②ほかの国へ行って、そこにずっと住むこと＿＿＿＿＿

③よく知っている、仲の良い　＿＿＿＿＿

④車にガソリンをいっぱいに入れること　＿＿＿＿＿

⑤陸地の一部が、海や湖の中にほそ長くとび出しているところ(半島より小さいもの)　＿＿＿＿＿

海辺	岬
芝居	親しい
日帰り	注文
気分	満タン
人影	移住

4．次のことばを使って短文を作りなさい。

①あたたまる　＿＿＿＿＿

②言われたとおり　＿＿＿＿＿

③楽しみにする　＿＿＿＿＿

④十数年　＿＿＿＿＿

⑤親しい　＿＿＿＿＿

III．下の質問に答えなさい。

①ケンブリッジという町はアメリカのどこにありますか。それは東部ですか、西部ですか。

②「満タン」というのはどんな意味ですか。

③「ホッとする」というのはどんな時に使うことばですか。

④あなたの国ではクリスマスを祝いますか。
クリスマスにはどんなことをしますか。

⑤どんな時にプレゼントをおくりますか。
お正月、誕生日、結婚式、クリスマス？それから？

⑥「まっ白い」ものはどんなものですか。れいをあげてください。
「まっ赤な」ものは？
「まっ黒い」ものは？

⑦忘れられない思(おも)い出(で)があったら、話してください。

29課　テスト（　）月（　）日　クラス＿＿＿名前＿＿＿＿＿＿＿＿

／100

Ⅰ.次の漢字をひらがなで、英語はカタカナで書きなさい。　②×10＝⑳

1．地下鉄（　　　　　）2．払（　　　　　）う　3．南東部（　　　　　）

4．人影（　　　　　）5．十数年（　　　　　）6．芝居（　　　　　）

7．New York（　　　　　）8．hotel（　　　　　）

9．Christmas（　　　　　）10．sport car（　　　　　）

Ⅱ.（　）の中にひらがなを１字ずつ入れなさい。　②×10＝⑳

1．ケープコッド（　）静か（　）、きれい（　）所です。

2．音楽会（　）行きたかった（　）ですが、きっぷ（　）売りきれていました。

3．オックスフォード（　）日帰りドライブ（　）しました。

4．海辺が（　）っ白に見える（　）（　）、カモメがたくさんいました。

Ⅲ.下からことばを一つ選んで適当な形にして＿＿＿＿に書きなさい。　③×10＝㉚

1．＿＿＿＿に１回ぐらいは家族にも＿＿＿＿をして＿＿＿＿たいです。

2．ガソリンが＿＿＿＿ては車は＿＿＿＿しドライブも＿＿＿＿ません。

3．メイフラワー号は＿＿＿＿にアメリカに＿＿＿＿人たちが＿＿＿＿船です。

4．ハーバード大学のコンサートに＿＿＿＿ものでした。

（１年　行く　ない　乗ってくる　動く　移住する
喜ばせる　できる　プレゼント　７年　1620年）

Ⅳ.次の説明と関係があるものを［　　］から選んで書きなさい。　②×５＝⑩

1．劇場や映画館がある大通り　＿＿＿＿＿

2．東部ケンブリッジ近くの町　＿＿＿＿＿

3．アメリカ東部海岸にある岬　＿＿＿＿＿

4．アメリカ中西部の都市　＿＿＿＿＿

5．ハーバード大学がある所　＿＿＿＿＿

ブロードウエー　ベルリン シカゴ　ケープコッド サンフランシスコ　パリ ボストン　ケンブリッジ

Ⅴ.次のことばを使って短文を作りなさい。　⑩×２＝⑳

1．親しい　＿＿＿＿＿＿＿＿＿＿＿＿＿＿＿＿

2．十数年　＿＿＿＿＿＿＿＿＿＿＿＿＿＿＿＿

30課　こぶとりじいさん　（日本の昔話）＊＊

昔、ある所に、ほほに大きなこぶがある、きこりのおじいさんがいました。ある日、いつものように山の中で、木を切っていると、急に空がくもって、大粒の雨がザーザーと降り出しました。ピカピカといなづまがひかって、ゴロゴロとかみなりもなり出しました。仕方なく、おじいさんは、近くの古い小屋の中で雨やどりする(雨がやむまで、待つ）ことにしました。けれども疲れていたのでねてしまいました。

外でガヤガヤとおおぜいの人声がしたので目をさまし、外を見て、びっくりしました。赤おにや青おにが集まって、にぎやかに、飲んだり、うたったり、おどったりしていました。おじいさんは、戸のすき間から、ふるえながら見ていました。しかし歌やおどりが、とても楽しそうなので、こわさを忘れて、おにたちのわの中に、おどり出ました。そして、むちゅうでおどりました。

おにたちは、初めはびっくりしましたが、とてもおどりが上手なので、大よろこびで拍手をしました。おにのかしらは「あしたの晩もぜひ来ておどってくれ。来ないと困るから、こぶをあずかっておこう」と言って、おじいさんのこぶをもぎとりました。おじいさんは「あっ！」とおどろきましたが、ぜんぜんいたくありませんし、かおがかるくなって大よろこびで、家へ帰りました。

さて、この働き者のおじいさんの家のとなりに、もう一人、いじわるなおじいさんがいました。このおじいさんも、反対のほほに大きなこぶがありました。いじわるじいさんは、おにの話を聞くと、うらやましいと思いました。それで「わたしも、おににこぶを取ってもらおう」と言って、いそいで、山へ出かけました。

となりのおじいさんは、雨が降っていないけれど、小屋の中にかくれて待ちました。おにたちのえん会が始まりました。となりのおじいさんは、こわくてふるえていましたが、「さあ、今だ！」とさけんで、外へとび出しました。そして、おどり方がぜんぜんわかりませんので、でたらめにおどりました。とても下手で、へんなおどりでした。

それでおにたちはまたびっくりしました。おにたちは「ゆうべのおどりはとてもおもしろかったけど、今夜のおどりはぜんぜんおもしろくない。こんな下手なおどりは見たくない。」と言いました。

おにのかしらも「ゆうべのこぶはかえすから、もう帰れ帰れ！」とおこった声でさけんで、となりのおじいさんのほほにこぶを投げました。大きなこぶが二つになってしまったおじいさんは泣きながら、家に帰りました。

［要約（ようやく）］

昔、ある所に働き者のおじいさんがいました。このおじいさんは、ほほに大きなこぶがありました。ある日、このおじいさんが、山で木を切っていると、急に大雨が降って来ました。仕方なく近くの小屋で雨やどりをしているうちに、疲れて寝てしまいました。外がさわがしいので目をさますと、たくさんの赤おにや青おにが飲んだりおどったりしていました。おどりが大好きなおじいさんは、こわさを忘れてとび出しておどりました。おにのかしらは「うまいぞうまいぞ！あしたの晩もここへ来ておどってくれ！それまでそのこぶをあずかっておくぞ！」と言ってこぶをもぎとりました。おじいさんは大よろこびで家に帰りました。

となりのおじいさんも反対のほほにこぶがありました。この話をきいて、となりのおじいさんも山へ行っておにの前でおどりました。けれども、おにに「下手なおどりだ！帰れ帰れ！こぶはかえすぞ！」と言われて、もう一つのこぶをつけられ泣きながら家に帰りました。

①
②
③
④
⑤
⑥
⑦
⑧
⑨
⑩
⑪
⑫

語句と漢字

昔(むかし)　ある所(ところ)　ほほ　①こぶ

②きこり　いつものように　切(き)る　急(きゅう)に

空(そら)　くもる　大粒(おおつぶ)　雨(あめ)

ザーザー　降(ふ)る　ピカピカ　③いなづま

ひかる　ゴロゴロ　④かみなり　なり出(だ)す

仕方(しかた)なく　近(ちか)くの　古(ふる)い　小屋(こや)

雨(あま)やどり　やむ　待(ま)つ　疲(つか)れる

外(そと)　ガヤガヤ　人声(ひとごえ)　目(め)をさます

びっくりする　赤(あか)／青(あお)おに　集(あつ)まる　にぎやかに

戸(と)のすき間(ま)　⑤ふるえる　楽(たの)しそう　こわい

忘(わす)れる　おにたちのわ　おどり出(で)る　むちゅうで

初(はじ)め　大(おお)よろこびで　拍手(はくしゅ)　おにのかしら

晩(ばん)　困(こま)る　あずかる　ぜんぜん

さて　働(はたら)き者(もの)　いじわる(な)　反対(はんたい)の

うらやましい　～と思(おも)う　⑥取(と)る　かくれる

とうとう　えん会(かい)　始(はじ)まる　さけぶ

おどり方(かた)　でたらめに　下手(へた)(な)　帰(かえ)る

おこった声(こえ)　投(な)げる　泣(な)く

①

②

③
④

⑤

⑥

れんしゅう

Ⅰ．文型

例文①②のように③を完成させなさい。④は自分で考えて作りなさい。

1．(擬音語)＋(と)～

①大粒の雨がザーザーと降り出しました。

②いなづまがピカピカとひかって、かみなりがゴロゴロとなり出しました。

③外でガヤガヤと＿＿＿＿＿＿＿＿＿＿＿＿＿＿＿＿＿＿＿＿

④＿＿＿＿＿＿＿＿＿＿＿＿＿＿＿＿＿＿＿＿＿＿＿＿＿＿

2．～出す

①雨がポツポツと降り出しました。

②ベルがなると、学生たちはさわぎ出しました。

③パーティーで、楽しいおんがくを聞いて、みんな＿＿＿＿＿＿＿＿＿＿

④＿＿＿＿＿＿＿＿＿＿＿＿＿＿＿＿＿＿＿＿＿＿＿＿＿＿

3．～ことにする

①雨がやむまで、小屋の中で待つことにしました。

②おにのかしらは、おじいさんのこぶを、あずかっておくことにしました。

③つぎの土曜日に、パーティーを＿＿＿＿＿＿＿＿＿＿＿＿＿＿＿＿＿

④＿＿＿＿＿＿＿＿＿＿＿＿＿＿＿＿＿＿＿＿＿＿＿＿＿＿

4．～てしまう

①とても疲れていたので、待っているあいだに、ねてしまいました。

②おなかがすいていたので、りょうりを二人ぶん食べてしまいました。

③てがみをいそいで出したので、きってをはるのを＿＿＿＿＿＿＿＿＿＿

④＿＿＿＿＿＿＿＿＿＿＿＿＿＿＿＿＿＿＿＿＿＿＿＿＿＿

5．～と

①山の中で、木を切っていると、急にゴロゴロとかみなりが、なり出した。

②あしたの晩、来ないと困るから、こぶをあずかりました。

③へやで、友達と話していると、＿＿＿＿＿＿＿＿＿＿＿＿＿＿＿＿＿

④＿＿＿＿＿＿＿＿＿＿＿＿＿＿＿＿＿＿＿＿＿＿＿＿＿＿

6．～ておく

①あしたの晩、おじいさんが来ないと困るから、こぶをあずかっておこう。

②あした、友達が来るので、ごちそうをたくさんつくっておきます。

③ 日曜日にドライブに行くので、＿＿＿＿＿＿＿＿
　 あさってはは友達のたんじょう日なので、プレゼントを＿＿＿＿＿＿

④＿＿＿＿＿＿＿＿＿＿＿＿＿＿＿＿

7．～と言う／思う

①おにのかしらは「あしたの晩も、ぜひ来てくれ」と言いました。

②となりのおじいさんは、その話をきいて、うらやましいと思いました。

③「私もおににこぶをとってもらおう」＿＿＿＿＿、山へ出かけました。

④＿＿＿＿＿＿＿＿＿＿＿＿＿＿＿＿

II．ことばの使い方

1．□の中のことばを一つ選んで、適当な形にして＿＿＿に書きなさい。

①昔ある所に、ほほに＿＿＿＿＿＿があるおじいさんがいた。

②きこりは＿＿＿＿＿＿山の中で木を切っていました。

③＿＿＿＿＿＿雨が＿＿＿＿＿＿と降り出しました。

④＿＿＿＿＿＿いなづまがひかって＿＿＿＿＿＿かみなりがなった。

⑤おじいさんは＿＿＿＿＿＿雨がやむのを待つことにしました。

⑥ひらがなやかんじを＿＿＿＿＿＿かいてはいけません。

⑦赤おにや青おにたちは＿＿＿＿＿＿えん会をしていました。

⑧よる12じごろ、外で＿＿＿＿＿＿人声がしたので、出てみました。

⑨いつもテストが100てんの人が＿＿＿＿＿＿です。

⑩そんな所に＿＿＿＿＿＿いる人は、だれですか。

ザーザー	いつものように	ピカピカと	仕方なく	
でたらめに	こぶ	にぎやかに	うらやましい	急に
かくれる	ガヤガヤと	ゴロゴロと		

2．次の文を読んで、（　）にひらがなを１字ずつ入れなさい。

①ある所（　）、ほほ（　）大きなこぶ（　）ある、きこりのおじいさん（　）いました。

②今までいい天気でしたが、急（　）空（　）くもってきました。

③雨（　）ザーザー（　）降ってきたので、きっさ店（　）雨（　）やむまで待つことにしました。

④おじいさんは、おにの前で、むちゅう（　）おどりました。

⑤おにたちは、初め（　）びっくりしましたが、おじいさんがおどり（　）じょうず（　）ので、大よろこび（　）拍手をしました。

⑥となりのおじいさんは、小屋の中（　）かくれていました。

⑦となりのおじいさんは、へた（　）おどりを、でたらめ（　）おどりました。

⑧おにのかしらは「もう帰れ！」（　）おこった声（　）さけびました。

⑨おには、おじいさんのほほ（　）こぶ（　）投げました。

⑩おじいさんは、大きなこぶ（　）二つ（　）なってしまいました。

3．次の説明と同じ意味のことばを□の中から選んで＿＿に書きなさい。

①手をたたく ＿＿＿＿

②おおぜいの人の話している声 ＿＿＿＿

③おおぜいの中で一番えらい人 ＿＿＿＿

④おさけをのむパーティー ＿＿＿＿

⑤かみなりの前にピカピカひかるもの ＿＿＿＿

⑥しんせつではない、わるい（人） ＿＿＿＿

⑦ゆめの中のように何もわからないで ＿＿＿＿

⑧こわい時に、手やあしや体がゆれること ＿＿＿＿

⑨ゴロゴロと空のあちこちで音がするもの ＿＿＿＿

⑩人に見えないようにする ＿＿＿＿

いじわる(な)
ガヤガヤ
えん会
拍手
いなづま
かしら
かくれる
かみなり
ふるえる
むちゅうで

4．次のことばを使って短文を作りなさい。

①仕方なく ＿＿＿＿＿＿＿＿＿＿

②むちゅうで ＿＿＿＿＿＿＿＿＿＿

③大よろこびで ＿＿＿＿＿＿＿＿＿＿

④とうとう ＿＿＿＿＿＿＿＿＿＿＿＿＿＿＿＿＿＿＿＿＿＿

⑤～と思う ＿＿＿＿＿＿＿＿＿＿＿＿＿＿＿＿＿＿＿＿＿＿

III. 下の質問に答えなさい。

①この話のおじいさんはどこに住んでいて、いつおにに会いましたか。

②この話はだれが書きましたか。

③こんな話を何と言いますか。

④おじいさんはどうして小屋の中でねたのですか。

⑤こわいおにの中へ、どうしておどりに出て行ったのですか。

⑥おにたちはおじいさんのおどりを見て、何と言いましたか。

⑦おにのかしらは、なぜこぶをあずかったのですか。

⑧となりのおじいさんのおどりはどうでしたか。

⑨おにのかしらは、「かえれ」と言いながら、何をしましたか。

⑩こぶが二つになってしまったおじいさんをどう思いますか。

IV. 前のページの12枚(まい)の絵(え)を見ながら、何人かで「こぶとりじいさん」の話をしてください。

V. 「こぶとりじいさん」の話のとおりに、下の文に番号(ばんごう)をつけなさい。

（1）きこりのおじいさんが、山の中で、木を切っていた。

（　）小屋からとび出して、上手におどった。

（　）こぶが二つになって、泣いて帰った。

（　）おにのえん会がはじまって、とても楽しそうだった。

（　）雨がふっていないが、小屋の中へ入って待った。

（　）となりのおじいさんに、おにと会って、こぶがとれたと話した。

（　）おにのかしらが、「そのこぶをあずかっておく」と言った。

（　）こぶがとれてなくなって、大よろこびで帰った。

（　）小屋からとび出して、でたらめにおどって、おにがおこった。

（　）急に雨が降り出したので、小屋の中で雨がやむのを待った。

（　）となりのおじいさんの話をきいて、山へ行くことにした。

（　）おにのかしらが、こぶをかえしてくれた。

30課　テスト（　）月（　）日　クラス＿＿＿＿　名前＿＿＿＿＿＿＿＿＿＿

／100

Ⅰ.次の漢字をひらがなで書きなさい。　②×10＝⑳

1．仕方（　　　　　）ない　2．雨（　　　　　）やどり

3．働（　　　）き者（　　　）　4．下手（　　　　　）　5．拍手（　　　　　）

6．大粒（　　　　　）　7．投（　　　　　）げる　8．人声（　　　　　）

9．戸（　　　）のすき間（　　　）　10．反対（　　　　　）

Ⅱ.（　）の中にひらがなを 1 字ずつ入れなさい。　②×10＝⑳

1．外（　）おおぜいの人声がした（　）（　）目（　）さました。

2．おじいさんは、ふるえ（　）（　）（　）おどり（　）しました。

3．「（　）（　）今だ！」（　）さけんで、外（　）とび出した。

4．おには「（　）う帰れ！」とおこった声（　）さけんでこぶを投げた。

Ⅲ.下からことばを一つ選んで＿＿＿＿に書きなさい。　④×５＝⑳

（例）犬がワンワンとほえ、ねこがニャアニャアとないています。

1．＿＿＿＿＿と降り始めた雨が、まもなく＿＿＿＿＿と大雨になった。

2．外で＿＿＿＿＿とおおぜいの人声がきこえた。

3．いなづまが＿＿＿＿＿とひかり、かみなりが＿＿＿＿＿となった。

〔ザーザー　ワンワン　ピカピカ　ニャアニャア　ゴロゴロ　ポツポツ　ガヤガヤ〕

Ⅳ.次の文を完成しなさい。　⑤×４＝⑳

1．おにのかしらは、「あしたの晩もここへ来て＿＿＿＿＿＿＿くれと言った。

2．こぶが二つになったおじいさんは＿＿＿＿＿＿＿＿＿＿＿＿＿＿＿＿

3．おどり方がぜんぜん＿＿＿＿＿＿＿＿＿＿＿＿＿＿＿＿＿＿＿＿

4．おににこぶをとってもらったおじいさんは＿＿＿＿＿＿＿＿＿＿＿＿

Ⅴ.次のことばを使って短文を作りなさい。　⑩×２＝⑳

1．～ことにする　＿＿＿＿＿＿＿＿＿＿＿＿＿＿＿＿＿＿＿＿＿＿

2．～けれど　＿＿＿＿＿＿＿＿＿＿＿＿＿＿＿＿＿＿＿＿＿＿＿＿

31課　一寸法師（日本の昔話）＊＊

昔々あるところにおじいさんとおばあさんがいました。年をとって子どもがいないので、二人は毎日、神様にお祈りをしました。ある日やっと、子どもが生まれました。手の平にのるほど小さい赤ちゃんでしたが、とても元気に泣きました。二人は一寸法師と名づけて大事に育てました。一寸法師はじょうぶなかしこい子どもになりましたが、せいは大きくなりません。「やあい、チビ、チビ」と村の子にからかわれるので、一寸法師は考えました。「都へ行って一生けんめい勉強してえらい人になろう。そうすれば皆にばかにされないだろう」。一寸法師はその決心をおじいさんとおばあさんに話しました。二人は一寸法師が旅に出る時に何が欲しいかききました。一寸法師は「おわんとはしと針を一本ください。おわんをふねに、はしをかいに、針をかたなにして旅をします」と言いました。

一寸法師は川におわんのふねをうかべて、はしのかいでこいで行きました。夜は橋の下におわんをとめて眠りました。都につくとふねを降りました。しばらく歩くと大臣のりっぱな家がありました。一寸法師はどこか大きな家で働きながら勉強しようと思っていたので、大臣の家へ入って行って、たのみました。一寸法師は体は小さいけれど元気いっぱいですから大臣に気に入られ、家においてもらうことになりました。大臣にはきれいなお姫様がいましたが、お姫様も一寸法師が大変気に入り、自分の召使(めしつか)いにしました。いつも一寸法師を自分のそばにおいて、身の回りのことをさせました。それで、一寸法師はお姫様が家にいる時も外に行く時もいつも一緒でした。

ある日、お姫様がお寺にお参りに行った帰りにおにが出てきて、お姫様をさらおうとしました。一寸法師は針のかたなでおにの体をチクリチクリさしました。おにはおこって一寸法師をのみこみました。しかし一寸法師がおにの口の中を針のかたなでさしたので、おにはなみだを流して一寸法師を口からはき出しました。そして、逃げて行ったので、お姫様は大変よろこびました。おにが逃げた後に「打ち出のこづち」が落ちていました。これをふると欲しいものはなんでも出てくるし、夢が実現するのです。一寸法師はみんなのようにせいが大きくなるようにお願いをしました。お姫様が打ち出のこづちをふると、一寸法師はずんずん大きくなってりっぱな若者になりました。

そして、一寸法師はお姫様をお嫁さんにして、おじいさん、おばあさんのところへ帰って、みんなでしあわせに暮らしました。

[要約(ようやく)]

昔々、子どもがいない年よりの夫婦(ふうふ)がいました。神様に祈って子どもが生まれましたが、とても小さくて一寸法師と名づけました。かしこい子どもでしたが、体が小さく皆にばかにされました。そこで勉強してえらい人になるため都へ行って大臣の家ではたらきました。大臣のお姫様の召使いをしていましたが、ある日、おににさらわれそうになったお姫様を、おにとたたかって助けました。おにの落としていった「打ち出のこづち」のおかげで一寸法師は体が大きくなり、そしてお姫様と結婚してしあわせになりました。

①
②
③
④
⑤
⑥
⑦
⑧
⑨
⑩

語句と漢字

一寸法師（いっすんぼうし）	昔話（むかしばなし）	昔々（むかしむかし）	神様（かみさま）
お祈（いの）り	生（う）まれる	①手（て）の平（ひら）	～ほど
②赤（あか）ちゃん	泣（な）く	名（な）づける	大事（だいじ）
育（そだ）てる	じょうぶ(な)	かしこい	やあい
チビ	村（むら）	からかう	都（みやこ）
一生（いっしょう）けんめい	えらい	皆（みな）	ばかにする
決心（けっしん）(する)	旅（たび）	欲（ほ）しい	③おわん
はし	針（はり）	④かい	⑤かたな
うかべる	⑥こぐ	橋（はし）	眠（ねむ）る
降（お）りる	しばらく	大臣（だいじん）	りっぱ(な)
働（はたら）く	たのむ	いっぱい	気（き）に入（い）る
お姫様（ひめさま）	大変（たいへん）	召使（めしつか）い	身（み）の回（まわ）り
一緒（いっしょ）	お寺（てら）	お参（まい）り	おに
さらう	チクリチクリ	さす	のみこむ
なみだ	流（なが）す	はき出（だ）す	逃（に）げる
⑦打（う）ち出（で）のこづち	落（お）ちる	ふる	夢（ゆめ）
実現（じつげん）(する)	ずんずん	若者（わかもの）	お嫁（よめ）さん
暮（く）らす	夫婦（ふうふ）	助（たす）ける	

①

②

⑥

⑤

⑦

れんしゅう

Ⅰ．文型

例文①②のように③の文を完成させなさい。④は自分で考えて作りなさい。

1．～になりました／なります

①一寸法師はじょうぶなかしこい子どもになりました。

②日本へ来たばかりのころは、日本語が、ぜんぜんわかりませんでしたが、今は、話すことはこまらないようになりました。

③私の家は近くに駅がないので不便ですが、来年の３月に地下鉄の駅ができるそうなので、＿＿＿＿＿＿＿＿＿＿＿＿＿＿＿＿

④＿＿＿＿＿＿＿＿＿＿＿＿＿＿＿＿＿＿＿＿＿＿＿＿＿＿＿＿

2．～にして～

①おわんをふねに、はしをかいに、針をかたなにして旅をします。

②一寸法師はかたなにした針をつかっておにの体をさしました。

③一寸法師はお姫様を＿＿＿＿＿＿＿＿＿＿＿＿＿＿＿＿＿＿＿＿

④＿＿＿＿＿＿＿＿＿＿＿＿＿＿＿＿＿＿＿＿＿＿＿＿＿＿＿＿

3．～けれど～

①一寸法師は体は小さいけれど元気いっぱいです。

②今日はよく晴れているけれど寒い日だ。

③日本語はむずかしいけれど＿＿＿＿＿＿＿＿＿＿＿＿＿＿＿＿＿＿

④＿＿＿＿＿＿＿＿＿＿＿＿＿＿＿＿＿＿＿＿＿＿＿＿＿＿＿＿

4．～せる／させる（使役）

①お姫様は一寸法師を自分のそばにおいて、身の回りのことをさせました。

②母は子どもたちに朝ごはんを食べさせてから、仕事に行きました。

③先生は私たちに＿＿＿＿＿＿＿＿＿＿＿＿＿＿＿＿＿＿＿＿＿＿

④＿＿＿＿＿＿＿＿＿＿＿＿＿＿＿＿＿＿＿＿＿＿＿＿＿＿＿＿

5．～ことになる

①大臣の家に、おいてもらうことになりました。

②来週からこの会社で働くことになりました。

③先生と相談した結果＿＿＿＿＿＿＿＿＿＿＿＿＿＿＿＿になりました。

④＿＿＿＿＿＿＿＿＿＿＿＿＿＿＿＿＿＿＿＿＿＿＿＿＿＿＿＿＿＿＿＿

6．～うとする

①おにがお姫様をさらおうとしました。

②授業が終わって、家へ帰ろうとしたら、雨が降ってきました。

③銀行でお金を＿＿＿＿＿＿＿＿＿＿＿＿＿＿＿＿＿＿＿＿＿＿＿＿＿

④＿＿＿＿＿＿＿＿＿＿＿＿＿＿＿＿＿＿＿＿＿＿＿＿＿＿＿＿＿＿＿＿

7．～ようにお願い(を)する

①せいが大きくなるように、お願いをしました。

②母の病気がよくなるように、お願いをしました。

③大学の入学試験に＿＿＿＿＿ように神様にお願いしました。

④＿＿＿＿＿＿＿＿＿＿＿＿＿＿＿＿＿＿＿＿＿＿＿＿＿＿＿＿＿＿＿＿

II．ことばの使い方

1．［　　］の中のことばを一つ選んで、適当な形にして＿＿＿に書きなさい。

①食べすぎておなかが痛くなりました。薬を飲みましたが、とてもにがい薬なので、いそいで水で＿＿＿＿＿ました。

②あたたかい季節になると、川でボートを＿＿＿＿＿人のすがたがみえます。

③小さいカメラを買いたいと思って、新宿へ行きました。とても＿＿＿＿＿たカメラがあったので、すぐ買いました。

④針を指に＿＿＿＿＿ので、血が出ました。

⑤私は自分の夢を＿＿＿＿＿するため、毎日がんばっています。

⑥子どもをじょうぶに＿＿＿＿＿ためには食事と運動が大切です。

⑦駅につくと、遠くに友達のすがたが見えたので手を＿＿＿＿＿て合図をしました。

⑧どろぼうはけいかんにみつかったので＿＿＿＿＿ましたが、すぐにつかまりました。

⑨電車の中にある「シルバーシート」は年を＿＿＿＿＿人や体の不自由な人のための優先席です。

⑩父はわたしの留学に反対しましたが、わたしは自分で働いて資金をためて

留学しようと______しました。

逃(に)げる	実現(じつげん)	のみこむ	ふる	とる	決心
気に入(い)る	育てる	こぐ	さす		

2．次の文を読んで、（　）にひらがなを１字ずつ入れなさい。

①ふたり（　）毎日、神様（　）お祈り（　）しました。

②手の平（　）のる（　）（　）、小さい赤ちゃんでした。

③おわんをふね（　）、はしをかい（　）、針をかたな（　）します。

④一寸法師は川（　）ふね（　）うかべて、はしのかい（　）こいで行きました。

⑤都（　）つくと、ふね（　）降りました。

⑥一寸法師は大臣（　）気に入られ、家（　）おいてもらうこと（　）なりました。

⑦一寸法師は針のかたな（　）おにの体（　）チクリチクリさしました。

⑧おには一寸法師（　）口(くち)（　）（　）はき出しました。

⑨おにが逃げた後に、「打ち出のこづち」（　）落ちていました。

⑩一寸法師は家へ帰って、みんな（　）しあわせ（　）暮らしました。

3．次のことばを使って短文を作りなさい。

①からかう ____________________________

②りっぱ ____________________________

③たのむ ____________________________

④落ちる ____________________________

III．下の質問に答えなさい。

①おじいさんとおばあさんは、子どもにどうして一寸法師と名づけましたか。

②一寸法師はどうして都へ行く決心をしましたか。

③一寸法師はどのようにして旅をして都につきましたか。

④一寸法師はどこで働くことになりましたか。

⑤おにがお姫様をさらおうとした時、一寸法師はどうしましたか。

⑥「打ち出のこづち」はどんなものですか。

⑦あなたの国にも似たような昔話がありますか。

Ⅳ．前のページの10枚(まい)の絵(え)を見ながら、何人かで「一寸法師」の話をしてください。

Ⅴ．「一寸法師」の話のとおりに、下の文に番号(ばんごう)をつけなさい。

（1）毎日神様にお祈りをしたので小さい子どもが生まれました。おじいさんとおばあさんは一寸法師と名づけて大事に育てました。

（　）お姫様が「打ち出のこづち」をふると一寸法師は大きくなってりっぱな若者になりました。

（　）一寸法師は小さかったので村の子どもにからかわれました。

（　）大臣のお姫様は一寸法師が大変気に入り、自分の召使いにしました。

（　）一寸法師は都へ行く決心をしました。

（　）お姫様はおににさらわれそうになりました。

（　）一寸法師はお姫様と結婚して、みんなでしあわせに暮らしました。

（　）一寸法師がおにの体を針でさすと、おには泣いて逃げました。

（　）一寸法師は大臣に気に入られ、家で働くことになりました。

31課　テスト（　）月（　）日　クラス＿＿＿＿＿名前＿＿＿＿＿＿＿＿＿＿＿＿

／100

Ⅰ．次の漢字をひらがなで書きなさい。　②×10＝⑳

1．昔話（　　　　　）　2．育（　　　　　）てる　3．都（　　　　　）

4．眠（　　　　　）る　5．夫婦（　　　　　）　6．若者（　　　　　）

7．逃（　　　　　）げる　8．暮（　　　　　）らす　9．針（　　　　　）

10．お嫁（　　　　　）さん

Ⅱ．（　）の中にはひらがなを1字、＿＿＿＿＿には下からことばを一つ選んで適当な形にして入れなさい。　②×5＝⑩　⑤×6＝㉚

1．一寸法師は村の子に＿＿＿＿＿ので、都へ行こうと決心しました。

2．一寸法師は大臣に気に入られ、家（　）＿＿＿＿＿てもらうことになりました。

3．おには口の中を針のかたな（　）＿＿＿＿＿ので、なみだ（　）＿＿＿＿＿ました。

4．おじいさんとおばあさんは、毎日、神様（　）＿＿＿＿＿をしました。

5．打ち出のこづち（　）＿＿＿＿＿と、一寸法師は大きくなりました。

〔お祈り　さす　おく　ふる　からかう　流す〕

Ⅲ．次の文を完成しなさい。　⑤×2＝⑩

1．テストが終わったので、教室を出ようとしたら＿＿＿＿＿＿＿＿＿＿＿＿＿＿

2．私はよく病気をするので健康になるように＿＿＿＿＿＿＿＿＿＿＿＿＿＿＿＿

Ⅳ．「一寸法師」の話のとおりに下の文に①から⑥の番号をつけなさい。　⑩

（　）一寸法師は体が小さくて、村の子どもたちにばかにされた。

（　）打ち出のこづちのおかげで一寸法師は大きくなってりっぱな若者になった。

（　）おににさらわれそうになったお姫様を、一寸法師が助けた。

（　）神様に祈って小さい子どもが生まれ、一寸法師と名づけられた。

（　）一寸法師はお姫様と結婚してしあわせになった。

（　）一寸法師は都へ行って大臣の家ではたらいた。

Ⅴ．次のことばを使って短文を作りなさい。　⑩×2＝⑳

1．のみこむ　＿＿＿＿＿＿＿＿＿＿＿＿＿＿＿＿＿＿＿＿＿＿＿＿＿＿＿＿

2．じょうぶ（な）　＿＿＿＿＿＿＿＿＿＿＿＿＿＿＿＿＿＿＿＿＿＿＿＿＿

解　答（文完成と短文は解答例です）

1 課

I．1.きょねん　2.いちばん　3.ぎんざ　4.にがて　5.そつぎょう　6.ゆうしょう　7.クラスメート　8.クラブ　9.スピーチコンテスト　10.トロフィー

II．1.て　で　2.から　まで　で　3.で　の　4.は　が　は

III．1.すすめ　2.とくい　3.ぜんぜん　4.その上　それで

IV．1.ふとってしまいます。　2.うれしかったです。　3.大学　会社につとめました。

V．1.作文はとくいですが、会話は苦手です。　2.うたもダンスもとくいです。

2 課

I．1.ごまんえん　2.がっこう　3.やす　4.えいご　5.てがみ　6.お　7.か　8.セーター　9.マフラー　10.オーバー

II．1.で　に　2.の　しょう　3.で　や／と　4.で　な　で　5.に

III．1.ときどき　いっしょに　2.とても　3.ぜんぶで　4.ほかの

IV．1.クーラーを買いました。　2.週末も勉強しています。　3.デパートへ行きました。　4.買物　5.いもうと　りょうり

V．1.ときどき国へ電話します。　2.毎日とても楽しいです。

3 課

I．1.たんじょうび　2.しょうかい　3.まご　4.なかよ　5.へいきん　6.あつ　7.ボーイフレンド　8.ホテル　9.フィリピン　10.プレゼント

II．1.で　と　が　2.を　3.たり　だり　4.でに　5.な　が

III．1.にぎやか　2.まちがえて　3.寄って　4.借り　5.じゅみょう

IV．1.忘れません。　2.りょうりをつくることです。　3.日本で就職しました。　4.ほっかいどうへスキーに行く

V．1.誕生日に友人を招きました。　2.冬休みに国に帰って、家族と会うのが楽しみだ。

4 課

I．1.さんぽ　2.しなもの　3.にちようひん　4.ちょうしょく　5.ぶそく　6.つぎ　7.だいじ　8.ごぜんちゅう　9.アルバイト　10.スーパー（マーケット）

II．1.か　か　2.の　と　3.へも／にも　で　4.と　ねぼう　5.を　の

III．1.週日　朝ねぼう　2.ブランチ　ショッピング　3.せっかく

IV．1.見るだけでも楽しいです。　2.学生が10人　3.忙しい。　4.たくさんあります。

V．1.1週間に1、2回くらい書きます。　2.午前はそうじをしたり、せんたくをしたりします。午後は、出かけたり、家でテレビを見たりします。

5 課

I．1.きねん　2.しつもん　3.びよういん　4.つぎ　ひ　5.いわ　6.とうじつ　7.しやくしょ　8.ディナー　9.キリスト　10.パーティー

II．1.は　と　2.な　の　たい　3.の　と／にしま　4.に　から

III．1.幸せに　2.行先　3.祝い　ひみつ　4.当日

IV．1.名前を書いてください。　2.しゃしんをとりました。　3.ぜんぜんありません。　4.と違います。

V．1.お祝いの時にのみます。　2.式場を予約する。招待の手紙を出す。

6 課

I．1.しんがっき　2.きおん　3.てんこう　4.こうよう　5.よざくら　6.へいきん　7.べんとう　8.すう　げつ　9.データ　10.パーセント

II．1.とおり　ば　2.から　ほど　3.も　め　4.

と　はじめ　で　が

III. 1.反対に　2.はじめ　3.平均　差　4.ちょうちん

IV. 1.多いほど、いいです。　2.りょうりをつくった。　3.とかで、いつも忙しい。　4.いろいろなものがあります。

V. 1.100パーセント開いたサクラ。　2.南北に細長い。

7課

I. 1.しんせつ　2.しんぱい　3.じょうず　4.しごと　5.かえ　6.はこ　7.おし　8.かんが　9.いちにちじゅう　10.だいす

II. 1.が　から　を　2.に　が　3.で／を　が　4.が　が　5.を

III. 1.行く　2.売る　3.悪い　4.へた　5.始まる　6.大きい　7.出す　8.教える　9.あげる　10.心配する

IV. 1.おいて　2.あった　ほしかった　3.のせ　4.はたらいた　つかれ

V. 1.わたしの父は、学校で英語を教えています。　2.テストの結果を心配する。

8課

I. 1.うみ　2.ふと　3.うた　4.こころ　5.れきし　6.しゅふ　7.しゅみ　8.じんじゃ　9.りょうり　10.しず

II. 1.に　でも　で　2.を　で　に　3.で　を　を　4.に　と　いう　5.を　で　な

III. 1.②　2.a-ので　b-こと

IV. 1.本を読んですごします。　2.もうすぐ結婚する　忙しい

V. 1.米じゅ　2.古い町で、寺や神社などがたくさんあります。

9課

I. 1.しゅっぱつ　2.ちゃくりく　3.ちきゅう　4.きしゃ　5.はじ　6.ぶじ　7.よろこ　8.インタビュー　9.テレビ　10.カプセル

II. 1.の　に　で　の　2.に　は　3.が　ね　が　と

III. 1.12月10日　ソ連　まっ白な　2.8日　4万キロ　90分　125周　3.世界中　仲良く　思います

IV. 1.6分　2.1周　3.国境　4.うまい　5.がんばる

V. 1.外で車の音が聞こえる。　2.お正月に「新年、おめでとう」と言います。

10課

I. 1.ひこうき　2.まちが　3.しんぶん　4.いざかや　5.おど　6.にっけい　7.りゅうがくせい　8.ちゅうきゅう　9.ディスコ　10.バー

II. 1.が／は　が／は　の　2.で　の　3.をと　が　4.に　が

III. 1.経済　したく　留学　2.会社　慣れ　3.たずね　答え　4.時々　誘っ　ごちそう

IV. 1.日系　2.ディスコ　3.ロサンゼルス　4.漢字　5.クラスメート

V. 1.今、テストが終わったばかりです。　2.留学生にとって、一番難しいのは漢字です。

11課

I. 1.おんせん　2.にちじょう　3.りょかん　4.にはくみっか　5.いなか　6.れんきゅう　7.いそが　8.ふろば　9.ドライブ　10.レンタカー

II. 1.に　まだ　な　が　なら　2.あまり　でに　く　を

III. 1.しました　2.行って　3.つづけています　4.はいって　したり

IV. 1.忙しいが、へんかがある。　2.かどうか心配だ。　3.何回もテストがある。　4.3か月勉強した。　5.家族から手紙がきて、

V. 1.散歩をしている。　2.スキーをするところです。

12課

I. 1.ほしょうにん　2.しょくじ　3.あたま　4.れんしゅう　5.はつおん　6.せんぱい　7.きんじょ　8.さいしょ　9.テープ　10.テーブル

II. 1.と　の　2.に　よ　3.も　も　4.の　でが　に

III. 1.なれて　だいぶ　2.おかげで　3.本当に　4.心の中では

IV. 1.「たくさん食べてください」といいます。

2.3か月　カナダ　来た　3.本を買いました。　4.オーバーを着ます。

V. 1.犬をかいたいです。　2.レストランで会った。

13課

I. 1.ふろ　2.へいきんおんど　3.かず　4.せんとう　5.くすりゆ　6.しら　7.めずら　8.よ　9.そうちょう　10.あさ　ぞく

II. 1.では　が　2.に　そう　3.は　4.と　との　5.が　に　6.なく

III. 1.かならず　2.風呂付き　銭湯　3.きれい好き　4.だんだん　5.交流

IV. 1.いろいろなくだものがあります。　2.友達をつくるところでもあります。

V. 1.朝にかみを洗うこと　2.内風呂

14課

I. 1.とくちょう　2.こうがい　3.めんせつ　4.ぎゅうにく　5.しゅと　6.はんぶん　7.アイルランド　8.イギリス／イングランド　9.ゴルフ　10.スケジュール

II. 1.で　を　2.は　で　か　に　3.と　をと　が

III. 1.7倍　人口　2.足りない　3.豊富　しんせつ　4.東京　忙しさ

IV. 1.カラオケバー　2.月給　3.通勤電車　4.家賃

V. 1.人でいっぱいです。　2.子どもにさえわかるのに、あの人にはわからない。　3.東京の人口は一千万人以上です。

VI. 東京の生活は楽しいが、生活費や物価は高い。

15課

I. 1.けん　2.りく　3.こま　4.わくせい　5.つか　6.でんせつ　7.かいてん　8.しゅうきょう　9.ローマ　10.ギリシャ

II. 1.を　に　と　2.で　3.に　と　4.して　5.で　を　6.から

III. 1.作った　書かれ　2.働いて　休み　3.困る　4.しげっ

IV. 1.新学期のクラス分けをします。　2.書き方の練習もしなければなりません。

V. 1.ローマ時代　2.はい／いいえ

16課

I. 1.しわす　2.しょうてん　3.かざ　4.とど　5.がんたん　6.ちじん　7.おおみそか　8.てら　9.げんきん　10.まくあ

II. 1.を　な　2.を／は　に　3.の　を　4.やなど　5.に　も

III. 1.d　2.c　3.a　4.e　5.b

IV. 1.勉強し　いっしょうけんめいします。　2.勉強　得意　作文です。

V. 1.お正月に子供が大人からもらう現金　2.師走

17課

I. 1.はなび　2.けんぶつせき　3.がいこくじん　4.ひ　こ　5.こっき　6.すいめん　7.すみだがわ　8.ナイアガラ　9.キログラム　10.アメリカ

II. 1.や　や　で　2.を　は　3.を　のが　4.の　は　も／が

III. 1.早く　予約し　2.ごうかな　しかけ花火　3.ドドーン　パッ　広がっ　色や形　4.北海道　あがった

IV. 1.隅田川　2.直径　3.コンテスト　4.独立記念日

V. 1.日本人ばかりでなく外国人も花火見物が好きです。　2.父が来ると言ったので、首を長くして待っている。

VI. （略）

18課

I. 1.たいいく　2.きろく　3.きょうぎじょう　4.かいせい　5.しゅくじつ　6.でんとう　7.アジア

II. 1.が　と　2.は　か　と　の　と　3.がと／に　の

III. 1.参加し　過ごし　2.秋晴れ　続い　3.第18回　開か　1964年

IV. 1.決める　2.建てる　3.集める　4.変える　5.止める　6.始める　7.起こす　8.続ける　9.閉める

V. 1.平日はスケジュールにしたがって勉強します。　2.7月7日が七夕となったのです。

VI. 1.スポーツをする。 2.週1回、テニスをしている。

19課

I. 1.しんせい 2.かんこうか 3.たはた 4.あきたけん 5.お 6.さくもつ 7.おとず 8.くら 9.てんてん 10.あまざけ

II. 1.に な 2.で 3.が を 4.より に ほう 5.には が

III. 1.入って／あがって 2.飲んで 3.来てくれ 4.聞き／たずね

IV. 1.点々 2.訪問する ごちそう 3.のぞくかけて 4.つん

V. 1.東北地方 2.子ども

20課

I. 1.どくとく 2.か 3.まくうち 4.きんだいてき 5.こし 6.ぶたい 7.しじ 8.にんき 9.はた 10.きよ

II. 1.が を 2.に を を 3.が 4.に に 5.に に

III. 1.ある 2.しめる 3.出る 4.する 5.つく 6.買う

IV. 1.d 2.a 3.e 4.b 5.c

V. 1.疲れが出て、ねてしまいました。 2.大切なことです。

21課

I. 1.げんえき 2.おやかた 3.たいかく 4.しんちょう 5.きたい 6.いんたい 7.たっきゅう 8.じつりょく 9.スポーツマン 10.ハワイ

II. 1.に り く さ 2.と して 3.し て 4.に に

III. 1.きょうみ 2.自由 3.後輩 4.やる気十分

IV. 1.テニス とくいです。 2.日本人のように 3.とても疲れました。 4.国へ帰ってから日本語で仕事ができること

V. 1.はい、時々テレビで見ています。 2.するほうが好き。

22課

I. 1.かお 2.きゃく 3.かえ 4.かん 5.さいふ 6.けいご 7.ちゅうねん 8.ばいてん 9.ふつうたい 10.ほんとう

II. 1.どり を 2.から まで 3.たら で が 4.に て が

III. 1.あいさつ おじぎ 2.ほう ていねい体 3.気がし 「どうも」 受け取り 4.ピアノ 合わせ 歌っ

IV. 1.a.ありますよ。いくらのですか。 b.ありません。3000円のだけです。

V. 1.田中さんは加藤さんにめいしをさし出しました。 2.急げばバスに乗れます。

VI. ていねい体や敬語

23課

I. 1.ざんねん 2.えいが 3.はんたい 4.ひょうじょう 5.へんじ 6.まよ 7.かんけい 8.だんし・じょしがくせい 9.あいて 10.いみ

II. 1.で ため 2.が も で 3.が が は に 4.く

III. 1.訪問した 出してくれ 2.なるべく はいてきて 3.手ぶり 顔 はっきり

IV. 1.a.行かれない b.青

V. a.いかがですか b.いただきます c.なさいますか

VI. 1.野球ならジャイアンツが一番好きです。 2.運動したら気持ちがよくなりました。

24課

I. 1.せかいじゅう 2.かいはつ 3.じどうにんぎょう 4.めずら 5.けんきゅう 6.そつぎょう 7.にがおえ 8.じつようか 9.げんざい 10.ひとでぶそく 11.もうどうけん

II. 1.と に 2.の を 3.にも にも が 4.の は が

III. 1.にぎる そうです 2.どんどん 生まれ 3.17世紀後半 からくり人形 最古

IV. 1.失業 2.盲導犬 3.単純労働

V. 1.去年行ったスウェーデンです。 2.夜はよく眠れないです。

VI. 危ない仕事や夜の仕事、人の行かれないところなど人間の代わりにできるが、失業を生むかもしれない。

25課

Ⅰ. 1.ばんぐみ　2.こうか　3.ちか　4.いちょう　5.かつどう　6.けしき　7.ほっかいどう　8.ちりょう　9.たに　10.ふじごこ

Ⅱ. 1.に　に　2.が　3.は　が　と　4.に　に　5.で　が

Ⅲ. 1.c　2.d　3.b　4.a

Ⅳ. 1.ながめら　2.たまっ　3.ふくまれ　4.利用する

Ⅴ. 1.並んでください。　2.冬　雪　列車がとまってしまう。

26課

Ⅰ. 1.かぐ　2.かんたん　3.こうりゅう　4.しょくどう　5.けいざいてき　6.とち　7.しぜん　8.きゃくま　9.ソファー　10.ベッド

Ⅱ. 1.ても　に　より　で　2.に　で　が　だ　3.から　と

Ⅲ. 1.代わりに　行こ　2.はずせ　広い　3.洋間　すわれ　和室　4.ピッタリ　5.個室　ほし

Ⅳ. 1.お金がたくさんあれば、国から両親を呼んで、一緒に旅行したい。　2.このコンピューターの使い方を教えてください。

Ⅴ. 1.洋間が好きな人も和室が好きな人もいるから。　2.しょうじやふすまをはずせば、せまい和室も広く使えるという意味。

27課

Ⅰ. 1.じんこう　2.まず　3.ざいさん　4.せいこう　5.たしょう　6.くる　7.きゅうりょう　8.たいけんだん　9.モダン　10.カナダ

Ⅱ. 1.ず　2.うち　だ　3.を　に／で　は　にて　で　に

Ⅲ. 1.海外移住　決心　理由　2.終わり　初め　おおぜい　3.会話　しぜんに　4.成功　体験談

Ⅳ. 1.昔の話をします。　2.いろいろなことがあります。　3.時々、英語を使います。　4.カナダに定住した

Ⅴ. 1.外国に行ったら、そこの習慣を知ることが大切です。　2.留学生活には困ることばかりではなく、楽しいこともいろいろある。

28課

Ⅰ. 1.やさい　2.ちゅうもん　3.さかな　4.あま　5.ほそ　6.いみ　7.たいしょうてき　8.ぎゃくさんかくけい　9.しゅくだい　10.メニュー

Ⅱ. 1.と　と　が　2.ねえ　も　3.ついて　では　4.に　を　の

Ⅲ. 1.たね　すし　2.とうふ　油あげ　3.ところで

Ⅳ. 1.休みには、何をしますか。　2.お母さんににていますか。　3.笑ったことがない。　4.たぬきねいり　眠っているふりをする

Ⅴ. 1.人をだますこと　2.違う

29課

Ⅰ. 1.ちかてつ　2.はら　3.なんとうぶ　4.ひとかげ　5.じゅうすうねん　6.しばい　7.ニューヨーク　8.ホテル　9.クリスマス　10.スポーツカー

Ⅱ. 1.は　で　な　2.に　の　が　3.へ　を　4.ま　ほど

Ⅲ. 1.1年　プレゼント　喜ばせ　2.なく　動かない　でき　3.1620年　移住した　乗ってきた　4.行った

Ⅳ. 1.ブロードウエー　2.ボストン　3.ケープコッド　4.シカゴ　5.ケンブリッジ

Ⅴ. 1.ケネディーさんはアダムズさんと、とても親しい。　2.ハーバード大学を卒業してから、もう十数年になります。

30課

Ⅰ. 1.しかた　2.あま　3.はたら　もの　4.へた　5.はくしゅ　6.おおつぶ　7.な　8.ひとごえ　9.と　ま　10.はんたい

Ⅱ. 1.で　ので　を　2.ながら　だ　3.それ／さあ　と　に／へ　4.も　で

Ⅲ. 1.ポツポツ　ザーザー　2.ガヤガヤ　3.ピカピカ　ゴロゴロ

Ⅳ. 1.おどって　2.泣きながら家に帰りました。　3.わかりませんので、でたらめにおどりました。　4.大よろこびで、家に帰り

ました。

V. 1.今日から日記をつけることにする。 2.このテストは短いけれど、いい復習となります。

31課

I. 1.むかしばなし 2.そだ 3.みやこ 4.ねむ 5.ふうふ 6.わかもの 7.に 8.く 9.はり 10.よめ

II. 1.からかわれた 2.(に)おい 3.(で)さされた (を)流し 4.(に)お祈り 5.(を)ふる

III. 1.先生に名前を呼ばれました。 2.神様にお祈りをしました。

IV. ② ⑤ ④ ① ⑥ ③

V. 1.ごはんの中に入っていた小さい石を、のみこんでしまった。 2.じょうぶな体をつくるために、毎日運動をします。

□ 著者 略歴

富岡 純子(とみおか すみこ)

青山学院大学英米文学科卒業。国際基督教大学大学院英語教育科修士課程修了。在学中「外国語としての日本語教授法」課程も併せて修了。米国ウィスコンシン大学日本語・日本文学講師のかたわら同大学院博士課程修了。大学講師生活を経て、東大大学院研究生として帰国。朝日カルチャーセンター日本語講師、東京国際学園教師養成講師、神田外語学院英語科スーパーバイザー、日本語教師養成科主任講師等を経て　現在、同学院日本語科主任講師。日本語教育・教師協会代表理事。

島 恭子(しま きょうこ)

大学で美術(油絵)専攻。小・中・高校の美術専門教師を経て、神田外語学院日本語教師養成科修了。日本語教育能力検定試験合格。現在　神田外語学院日本語科講師。日本語教育・教師協会理事。本書のイラストも担当。

일본 현지생활・문화로 어학력을 기르는

中・上級への 日本語

定価 2,800円

1991年　4月 20日 初版発行
1998年　4月 10日 第6刷
編者 日本語教育・教師協会 日本語出版編集部

2012년 7월 10일 인쇄・2012년 7월 15일 발행
발행인 : 장세진・발생소 : 도서출판 학사원
주소 : 대구광역시 중구 서문로 2가 38의 3
전화 : (053) 253-6967 등록 : 1975년 11월 17일
등록번호 : 라120호　　　정가 : 16,000원